东莞市博物馆藏玉器

东莞市博物馆 编

文物出版社

总　序

罗丹曾言："世界并不缺乏美，只是缺少发现美的眼睛"。

东莞，一座创造了并继续创造着经济和社会发展奇迹的城市。在这个面积不过 2,465 平方公里的"弹丸"之地，在短短的 30 年间，历史巨变呈现了从贫穷到富庶的巨大反差，以至于许多人相信，东莞的今日，不过是历史的一个意外。

然而，欲理解一座城市的今生，就必须读懂她的前世。事实上，东莞历史悠久，文脉绵长。在经济的外表下，她有着穿越时空的人文魅力。虎门销烟，那缕融会历史悲凉与豪迈的硝烟弥漫延续至今。从近代再往前追溯，纵观各历史时期，东莞先哲乡贤在广东乃至国内外都产生了广泛的影响，他们的皇皇著述、仕履政声，为莞邑积淀了厚重的文化底蕴，他们的精神风范为中华民族增色添辉。尤其在明一代，人才之盛可用"群星灿烂"来形容，难怪理学名臣丘濬在为东莞县所写的《重建儒学记》一文中要感叹："岭南人材最盛之处，前代首称曲江，在今世则皆以为无逾东莞者。盖入皇朝以来，逾百年于兹，岭海人士，列官中朝长贰台省者，无几何人，而东莞一邑，独居其多。"

因此，东莞并非一些人所说的"文化沙漠"，而是人们没有意识到历史面纱掩饰下不断继承和成长的"绿洲"。在精彩纷呈的历史和现实面前，或许因为在经济与人文之间增量的侧重太过明显，议论一直存在。东莞在这一方面，继续广东那种讷于言而敏于行的姿态，做了再说。以至于在过往的历史变迁中，曾经"得风气之先"的东莞，涌现出的是人们对它的陌生和惊异，乃至种种争议。所以，解读和阐析东莞背后的人文根脉，需要有一种"发现"的精神和素养，需要挖掘隐藏在堆积如山的典籍及器物中的历史精髓。对于文物工作者而言，责无旁贷。

东莞市博物馆的前身是创建于 1929 年、竣工于 1931 年的东莞博物图书馆，与有着 80 年历史的老馆——广州博物馆同为我国早期创建的博物馆。作为东莞市唯一的综合性博物馆，担负着当地文物收藏、保护、研究、宣传和教育职能，是博物馆之城建设中藏品托管与保护基地。80 年也许并不算长，但在这段时间里，通过历年的考古发掘和文物征集，东莞市博物馆积累了较为丰富的馆藏文物，其中不乏精品。更重要的是，这些珍贵的文物，大多都是东莞文明与历史传统的见证物。

我们欣喜地看到，东莞市博物馆以馆藏文物为依托，结合研究课题，编辑出版《东莞市博物馆丛书》。这套丛书，旨在记录千年莞邑的发展历史，挖掘她不为人所熟知的人文魅力，让东莞的现代文明在这份底蕴深厚的文化遗产的孕育下，焕发出勃勃生机。

编辑《丛书》是一项以弘扬东莞传统历史文化为宗旨的长期的文化建设工程。东莞市博物馆将在深入研究的基础上，拟推出"馆藏系列"、"地方史论"、"考古研究"、"陈列展示"等类别。从今年开始，"馆藏系列"将陆续出版"碑刻"、"玉器"、"陶瓷"等专集。《丛书》以学术性、资料性和可读性相结合为特色，兼顾地方特点，体例科学，方法创新，文质兼美。同时，也希望《丛书》的出版能够在全省的文物工作中起到一定的引领推动作用。

　　历史的背影虽然已经远去，但其气息并未消散。我们希望《东莞市博物馆丛书》能够依稀勾勒出这座城市的历史轮廓，能够轻轻地提醒人们放慢脚步，去了解自己所在的城市，同时也能穿过浮华的表象，感悟她厚重的历史文化底蕴。

广东省文物局局长　苏桂芳

前 言

玉，之于国人，意义非凡。

古往今来，中国人将玉之坚硬，象征君子之气节，玉之温润，代表君子之风范。《礼记·玉藻》记载："古之君子必佩玉……君子于玉比德焉。"崇尚美好品德的中国人视玉为民族的精魂，它代表着高尚的人格，优秀的品德，以及人们对美好生活的向往。

悠远的文明赋予了玉丰富的内涵。品味玉的文化，就如同体会一段久远、深邃、厚重的中国历史。史前的红山文化和良渚文化，以及殷商、战国、汉唐、宋元、明清，一个个玉器高峰积淀着深厚的传统玉文化。中国人尊玉、爱玉、玩玉，几千年来不绝于史。

而今，在历经久远与沧桑的积淀之后，我们惊喜地发现，随着人们生活水平的提高，中国玉器进入到一个全新的时代，这个时代赋予了玉文化前所未有的发展空间。在北京、新疆、云南、苏州、杭州、广州、港澳等地形成了规模宏大的玉器加工基地及交易市场。玉器收藏热席卷整个中国，佩玉已成全民所好，玉器价格节节攀升，在拍卖行上玉器成交价屡创新高。

东莞市博物馆是一个有着80年历史的老馆，一直致力于玉器的收藏和征集。现有玉器藏品156件（套），年代最早的为新石器时代，尤以明清玉器居多。值得一提的是，1973年国家文物局领导和专家一行到东莞视察工作，时为东莞县文化局副局长的房松青同志抓住机会，全力争取，促使故宫博物院调拨了一批文物给本馆，其中有23件（套）宫中陈设玉器。这批玉器选材精良，雕琢精湛，造型端庄典雅，色泽润如凝脂，尤为精美。馆藏玉器既有雍容华贵的皇家用玉，也有雅致乖巧的民间用玉。一件件雍容雅致、温润凝脂的玉器，就像一首首清醇的中国古诗，向人们展示了中国玉器的艺术魅力。这些精美的玉器，是先人辛勤汗水的结晶，是聪明智慧的硕果，蕴载着我们祖先的手泽和心痕。

本书从馆藏玉器中拣选了81件（套）时代明确、玉质优良、雕琢精细的玉器，以时代为序，以类编排，编汇成图册，并附有专家论文。每件器物均注以文字说明，部分纹饰精美的器物作了拓片，藉此向人们推介我们的收藏成果，让更多的人了解玉器，喜欢玉器，也希望能够在玉文化领域里平添几分宁静、儒雅的文化气息。

东莞市博物馆　杨晓东

目 录

专 论

1 青玉素身钺 新石器时代

长 14.5 厘米，宽 8.8 厘米，厚 1.4 厘米
墨绿色。呈长方形，双面打磨平整有刃，边棱平直，中厚边薄，顶部单钻一圆孔，孔内有不规则旋痕。为史前文化仪仗用玉。

2 青玉素身璧 西周

直径 13.4 厘米，厚 0.5 厘米
青绿色，有灰白色沁。全身光洁无纹，对钻圆孔较大，边缘圆滑有明显使用痕迹。玉璧为"礼器"之首，属祭天之器。

3 青玉鹦鹉佩 商

高 2.1 厘米，宽 2 厘米，厚 0.4 厘米

青灰色。扁平状，头大身小，尖嘴隆胸，头部阴刻
一圆圈表示眼睛，下部阴刻两条短直线表示足，两
面工对称，发端钻一小孔作佩戴穿孔之用。

4 糖玉素身龙形佩 战国

长 14.3 厘米，宽 4.4 厘米

黄褐色，玉质苍老。呈"S"形，素身，琢工简洁。
"S"形龙是战国时期典型器，为祭祀用品。

5 青玉谷纹方榄形勒子 战国

高 5.8 厘米，底径 0.6 × 0.6 厘米

青绿色，半透明。方榄形，边缘起棱，满身饰谷纹，
上下对钻圆孔。勒子为商周至汉最常用的小件佩玉。

6 青白玉谷纹剑首 战国

直径 4.3 厘米，厚 1.9 厘米

青褐色，有两处已氧化成鸡骨白色。呈圆形片状，外
径大于内径，器面内圈浅刻卷云纹，间以细方格纹
陪衬，外圈饰谷纹。剑首为佩剑上的饰品，在剑的
顶端。

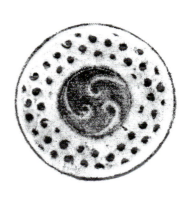

7　青白玉剑璏　战国

长 4.2 厘米，宽 1.9 厘米

青褐色，有几处已氧化成鸡骨白色。呈长方形，器
面边缘饰带状打洼线条。切割规整，抛光亮丽。剑
璏为剑鞘中间稍上部位的玉饰。古代王公有以玉饰
剑的习惯，常以青铜为剑身，饰以不同形状的剑饰，
剑饰为四件，有首、格、璏、珌。饰剑之风始于战国，
兴于汉代，明清仿品甚多。

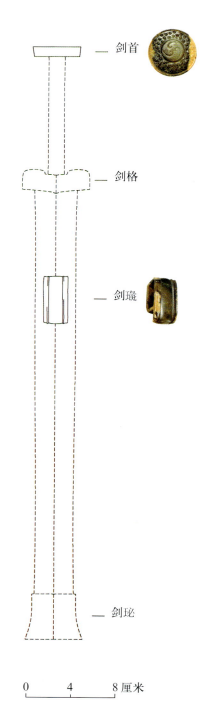

　　　　　—　剑首

　　　　　—　剑格

　　　　　—　剑璏

　　　　　—　剑珌

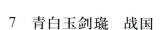

0　　　4　　　8 厘米

8　青白玉云纹剑珌　西汉

长 5.1 厘米，宽 3.7 厘米，厚 1.4 厘米

青褐色。呈梯形，上窄下宽，中间有孔，两面纹饰
相同，采用减地隐起方法雕琢勾连云雷纹。剑珌为
剑鞘末端的玉饰。

9　青白玉素身剑格　宋

长 6 厘米，宽 2 厘米，厚 1.1 厘米

青白色。玉质凝润，有严重灰皮土沁，全身光素无纹。剑格位于剑柄与剑身之间，起护手作用。

10 白玉深浮雕螭纹剑格 宋

长 5.5 厘米，宽 2.1 厘米，厚 1.2 厘米

洁白致密。呈长条形，中脊突起，有孔，器身一面
深浮雕蟠螭纹，螭的肩和臀部肌肉丰满，另一面浅
雕兽面云纹。

11　白玉兽面云纹剑璏　宋

长 4.9 厘米，宽 2.6 厘米，厚 1 厘米

白玉质，莹润有土沁。呈桥形，两端向下弧形弯曲，
下方有近长方形穿孔，表面浅雕兽面纹和勾连云纹。

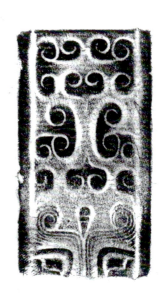

12 青白玉芦雁纹带銙 宋

长4.5厘米，宽4.3厘米，厚0.7厘米

玉色白润，有褐色沁。呈方形片状，浅刻瑞鸟衔仙
草纹，背面四角有四组象鼻穿孔，作镶嵌之用。

置于香炉上的玉顶

13　白玉透雕鹭鸶荷花炉顶　元

通高 7.1 厘米，直径 3.2 厘米

白玉。柱形，多层透雕。顶饰两片荷叶，叶上阴刻
细长的叶脉纹，叶下水草弯曲自如，枝繁叶茂，两
对鹭鸶在荷叶下悠闲栖息。配有花草形红木座。

14　白玉透雕龙纹帽顶　元晚期

高 4.2 厘米，底径 4.1 厘米

洁白温润。圆柱形，多层透雕，一条巨龙盘曲穿梭
于花草之间。

置于帽上的玉顶

15　青白玉苍龙教子带钩　元晚期

长 9.8 厘米，宽 2.3 厘米，厚 2.5 厘米

白玉透青。身作琵琶形，钩首雕琢龙头，一螭爬伏
其身上，钩首平整，龙颈较宽阔，螭纹紧贴钩背，脐
作花样装饰，为元代典型器物。

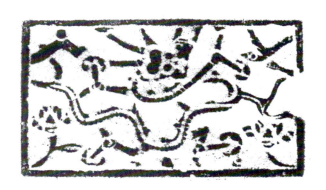

16　白玉龙纹带板　明晚期

长 6.4 厘米，宽 5.3 厘米

色淡青，质润洁。长方形，双层透雕，底层为花草枝茎，上层为花叶果实，二只鹊鸟和鸣其间。双层透雕为明代常见琢玉工艺。

佩戴玉带的明成祖朱棣像

明代玉制大带

17　白玉龙首带扣　明

长 12.4 厘米，宽 6.1 厘米

玉质白润。钩首雕琢龙头，龙首微微上扬，钩颈长而宽，器身光素无纹，碾磨平整光亮。作为身份高低的标志龙带扣盛行于战国两汉时期，宋之后多见仿品。

18 青白玉花鸟纹带板 明

长 6.5 厘米，宽 3.7 厘米

白玉，致密洁净。长方形，减地法深雕一条
盘曲在花草之间的长龙，用阴刻短直线表示
龙麟。龙身瘦长，为明晚期带板典型风格。

佩戴玉带的明代官员

佩戴发簪的明代妇女

19 白玉凤鸟纹发簪 明

长 21 厘米，宽 2.4 厘米

色白透亮，玉质细润。长圆柱形，末端略尖，顶部圆雕透雕一只展开双翅的凤鸟，形象生动，造型别致。

20 青玉玉兰花发簪 明

长 13 厘米

色青暗，质润泽。长圆柱形，末端略尖，顶部圆雕
镂雕一朵盛开的玉兰花，刀法犀利简明，体现了"明
大粗"的风格。

21 白玉双螭出廓璧 明

长10厘米，宽7.5厘米

白玉，有棉絮状肌理。双面工，正面镂雕两只螭龙
盘曲在玉璧之上，并飞出璧外，首尾相连，背面璧
身阴刻朵云纹。

佩戴玉饰的明代妇女

22　仿古玉龙凤纹圆佩　明

直径 5 厘米，厚 1.5 厘米

火烧玉，色灰青。圆形，单面工，深浮雕一龙一凤，
取"龙凤呈祥"之意。让玉受热呈黑色斑，是明代
常见的一种仿古制玉方法，称为"火烧玉"。

23 仿古玉镂雕子辰环 明

长 4 厘米，宽 2.5 厘米，口径 2.8 厘米

玉洁白，有人为作沁。圆环边高浮雕一螭龙
和一鼠纹，造型别致。

24 白玉透雕螭纹工字佩 明

长 2.8 厘米，宽 2.7 厘米，厚 1.4 厘米

洁白润泽。"工"字形，上窄下宽，顶上高浮雕一螭龙，底面雕花瓣云纹，边缘衬以勾连雷纹。东汉盛行佩挂辟邪三宝：司南、刚卯严卯、翁仲，司南有导向功能，佩司南能定乾坤，受文人喜爱。至明代，司南佩演变成工字佩，所见多上等和田白玉雕琢，大小尺寸相对统一。

25　青白玉浅浮雕兽面纹剑璏　明

长 10 厘米，宽 2.3 厘米，厚 1.6 厘米

玉色白中泛青，有少许褐色沁。长方形，面浅浮雕兽面纹、
云纹和菱形纹。

26　仿古玉瑞鸟挂坠　明

长5.3厘米，宽3.8厘米

火烧玉，经人工染色呈古玉沁色。圆雕一只蹲卧着
形态丰满的瑞鸟，阴刻一小圆圈作其眼，用短直线
表现其羽毛，身有上下对穿孔，作佩戴之用。

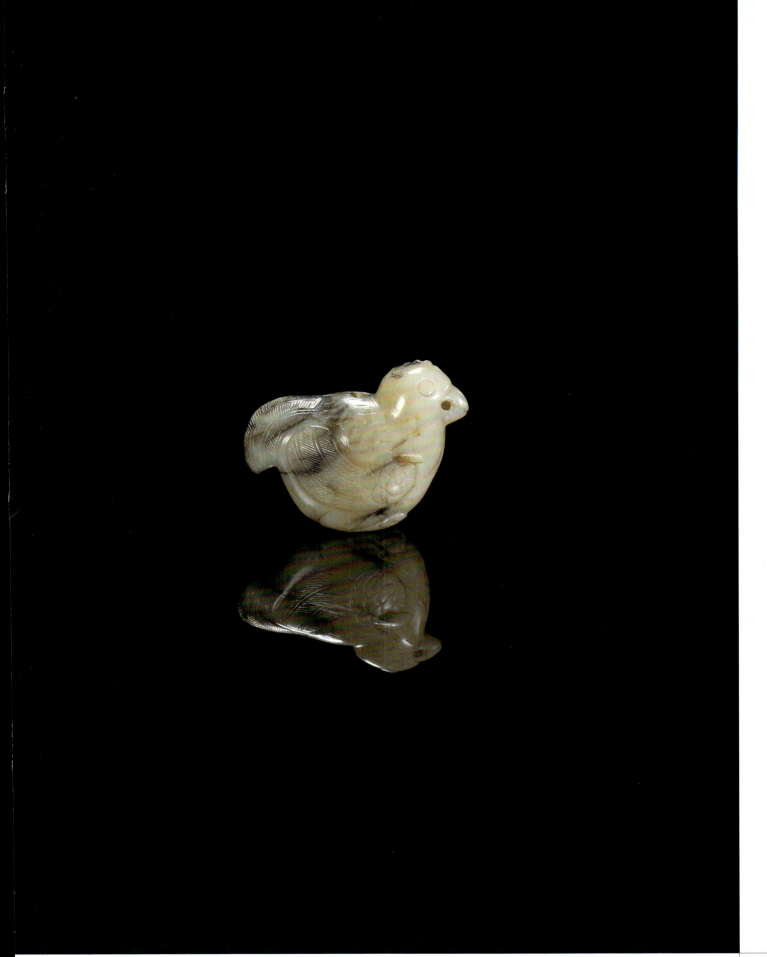

27　青白玉双螭缠耳十棱杯　明晚期

高 7.1 厘米，长 14.2 厘米，宽 8.9 厘米

白玉，透青。用整块新疆和田玉雕琢，杯作十棱形，器壁薄而匀，镂雕两条缠绕在双耳上的螭龙，动感十足，雕琢难度极大，足见工匠技艺高超，为明晚期宫廷用玉。

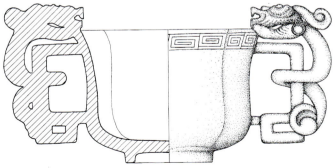

0　1　2厘米

28　白玉乳钉纹双螭耳杯　明晚期

长9.7厘米，口径6.1厘米，底径3.1厘米

白玉，泛黄。圆形杯，身上浅浮雕乳钉纹，使其微
微凸起。去地平整，抛光明亮，耳作螭龙形。双耳
螭纹杯为明代晚期典型的民间日用器皿之一。

29　青白玉莲花童子坠　明

高 4.7 厘米，宽 1 厘米

白玉，透青。圆雕一托莲童子像，身穿束腰长袍，头挽双髻，笑容可掬。雕琢阴刻线较宽深，童子面部五官采用去地碾磨工艺，与宋代阴刻线纤细以及可爱的葱管小鼻、樱桃小嘴、倒八字眉的童子相比略显粗犷，就整体形象而言此器应为明代玉童的标准器。

30　铜鎏金镶玉浅浮雕松鹤图带扣　明晚期

长 14.9 厘米，宽 7.2 厘米，厚 1 厘米

白玉。长方形，四周镶鎏金铜边，浅浮雕山水、亭阁、松树和仙鹤纹，寓意松鹤同春，延年益寿，为明代晚期的作品。

31 青白玉高浮雕菊花纹六角瓶
明晚期

通高34.1厘米，宽12.4，口径8.9厘米，底径10.4厘米

新疆和田白玉，因入土造成玉质的腐蚀和碱化，呈土沁褐色。器形高大，呈六角形，一锦缎包裹其身，用极细的阴刻线雕琢锦纹。瓶身高浮雕折枝菊花纹，配以镂雕寿纽瓶盖，琢工精湛，具有浓重京琢风格，属宫廷赏玩陈设玉。

32　翡翠碾磨地浅浮雕山水人物带扣
明晚期

长 7.1 厘米，宽 4.5 厘米，厚 1 厘米

翡翠，淡青绿色。长方形，浅浮雕山水人物图。翡翠从明末开始进入中国，清乾隆中期，传入宫中，深得皇室喜爱。

33　青白玉线刻山水纹倭角墨床　清早期

长 6.5 厘米，宽 4.9 厘米，厚 0.6 厘米

白玉泛青。长方倭角形，线刻山水纹，线条流畅，琢工
精细，为文房用品之一。

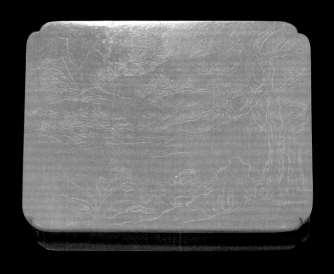

34 青玉俏色巧琢双桃形砚滴 清乾隆

高 6.4 厘米，长 11.3 厘米，宽 8 厘米

新疆和田籽料，青色。圆雕子母双桃形，双桃掏堂成砚滴，利用玉材上天然形成的黄褐色玉皮琢成两朵盛开的桃花，桃叶枝梗为水丞底座，工艺精湛，为宫廷用品。

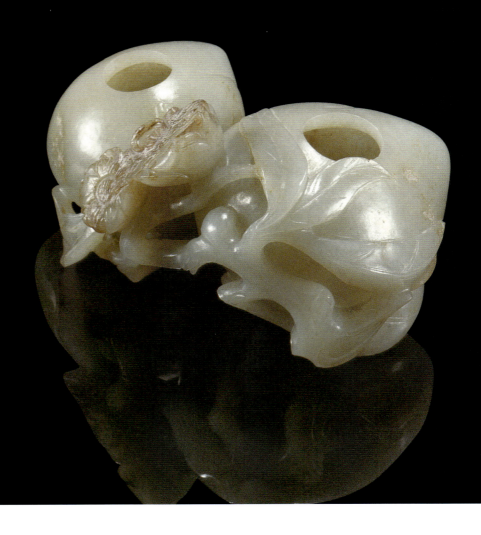

35　青白玉四兽衔环笔洗　清乾隆

高3厘米，口径8.2厘米

白玉泛青。圆形，掏堂大而规整，器壁薄而匀净，外壁浮雕四只狮首衔环作饰，造型别致，是文房用品中的精品。

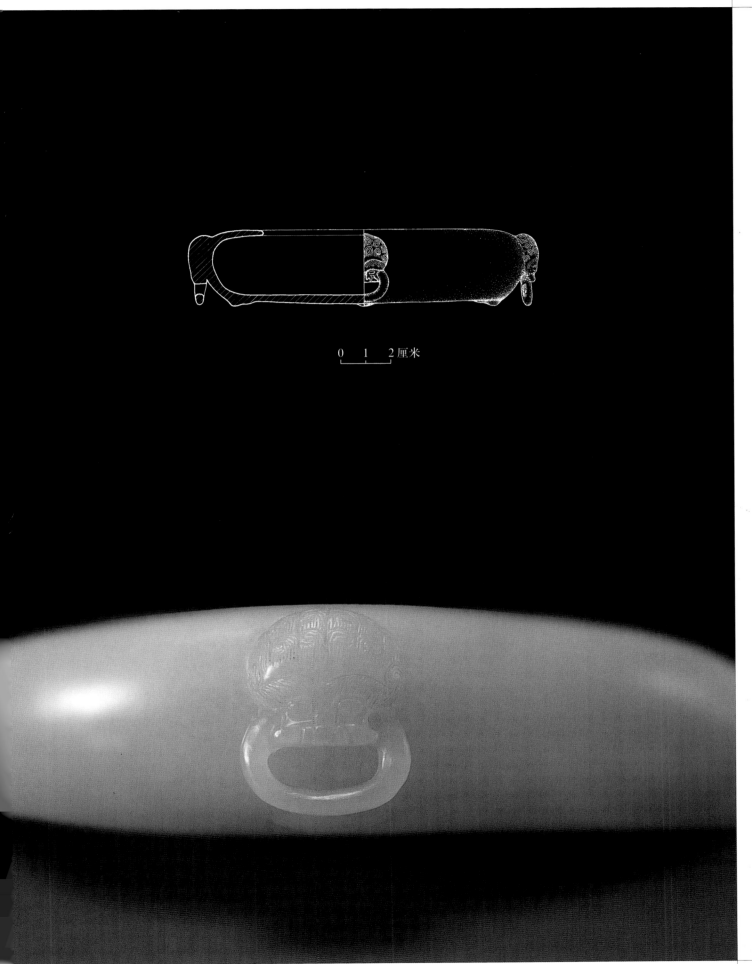

0 1 2厘米

36 青白玉勾莲纹椭圆形砚滴 清乾隆

长7.5厘米，宽5厘米，厚1厘米

新疆和田籽料，白色透青，玉质莹润。椭圆形，掏堂大而规整，器壁薄而匀净，外腹浅浮雕缠枝纹，造型典雅，为宫廷文房用品。配有红珊瑚小勺。

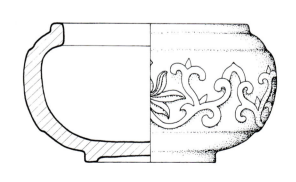

0　1　2厘米

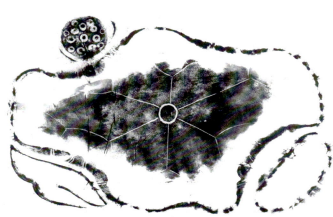

37 碧玉莲子荷叶洗 清乾隆

高 3 厘米，长 21 厘米，宽 13.5 厘米

玛纳斯碧玉，深绿色，杂有黑色颗粒。荷叶
形，构图巧妙，造型别致，雕琢精细，玉料
大，材质贵，为宫廷用品。

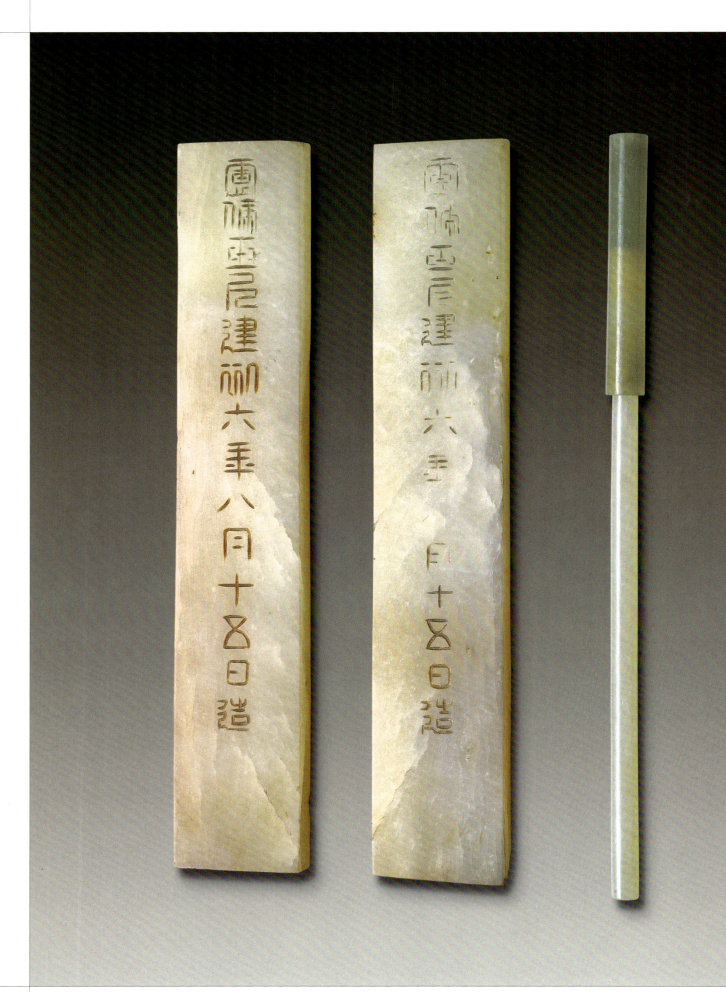

38　青白玉素身笔　清中期

长 23 厘米，直径 1 厘米

白色透青。圆柱形，全身光素无纹。笔身与
笔盖为两块不同的玉料，属民间文房用品。

39　青白玉红漫镇纸　清

长 23 厘米，宽 3.4 厘米，厚 1 厘米

一对，白色透青，玉质温润，有人工染色痕
迹。长方形，用同一块玉料琢成，阴刻篆书
文字。

清人书桌上的镇纸、摆件

40 水晶浮雕鼠纹豆荚形笔洗 清

长径 12.5 厘米，短径 5.8 厘米，厚 2.7 厘米

紫色透明，有棉絮状结晶体。造型为半个豆荚，掏堂成笔洗，外沿雕有鼠与花草，琢工精细。我国水晶使用的历史可追溯到新石器时代。

41　青白玉素身椭圆形砚台　清中期

长9.2厘米，宽6.8厘米，厚1厘米

新疆和田白玉，略显淡青色。砚面琢一海棠形滴水
池，造型规整精致。此砚应属黛砚，为贵妇人化妆
用品。

42　青玉素身笔筒　清

通高 10 厘米，口径 5.8 厘米，底径 5.8 厘米

青绿色有丝状土沁。圆筒形，器形规整，全身光素
无纹，打磨匀净，器壁厚实。

43　青玉圆雕山峰笔架　清中期

长 10.5 厘米，宽 6.8 厘米，厚 2.7 厘米

新疆和田籽料，青色，玉质紧密滋润。圆雕呈天然
山峰形状，依山峰形状而成笔架，正反两面均可使
用，自然古朴，兼具艺术性和实用性。

44　碧玉福禄寿双孔花插　清中期

高 14.2 厘米，宽 12.5 厘米

玛纳斯碧玉，绿色均匀，结构紧密，色泽滋润。器身透雕石榴、佛手和桃纹，寓意"福禄寿三多"。造型华贵，构思巧妙，雕琢精湛，为宫廷陈设用品。

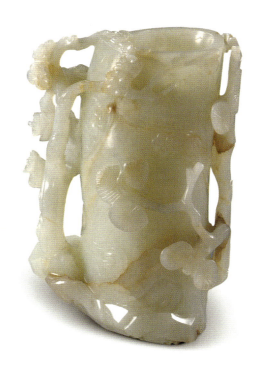

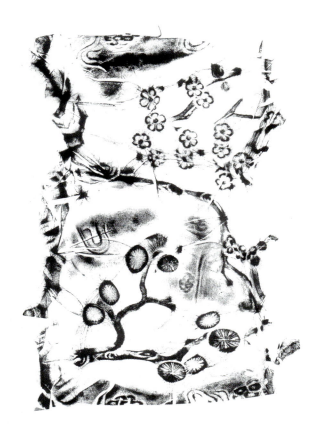

45 青白玉镂雕松竹梅花插 清中期

高 11.6 厘米，宽 8 厘米

新疆和田籽料，白色影青。圆雕成花插，器身为竹节形，周围运用玉石上的俏色透雕松树和梅枝组成岁寒三友图。可作笔筒也可用于插花，器大工精，是难得的艺术珍品。

46 糖玉马上封侯纽方印　清中期

长 4.2 厘米，宽 2.3 厘米

新疆和田山料糖玉，白色泛黄，有黄色斑。方柱形，俏色巧琢，章纽为镂雕马和猴，寓意"马上封侯"，下刻篆书"万寿永昌"，是一方吉祥语民用章。

47　白玉镂空五福纹翎管　清

高6.1厘米，口径1.4厘米，直径1.8厘米

玉洁白晶莹。圆柱形，器身上下端浅浮雕回纹做衬饰，器身镂雕五只蝙蝠穿梭于花草间。器顶雕一朵云纹做纽。翎管专指清代官员帽子上的管形饰品，是插戴花翎的器物。

48　白玉灵芝龙纹系璧　清早期

直径 5.8 厘米，厚 1 厘米

白色，晶莹润泽。扁圆形，碾磨精细，双面工，正
面浮雕一只口衔灵芝的夔龙，龙身修长灵动，长发
飘逸。背面浅浮雕变体兽面纹。系璧为"系带间左
右之佩物也"，亦有佩于胸前者，战国初始，汉代最
盛，后世多仿。

 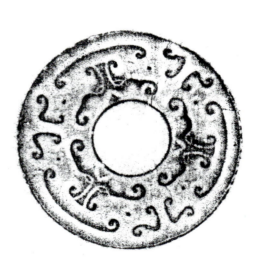

49　白玉龙凤纹系璧　清中期

直径5.4厘米，厚1厘米

白色。扁圆形，正面为浅浮雕龙凤纹，反面为蒂纹，
是清中期常见的装饰玉。

50　白玉浅浮雕夔龙纹佩　清乾隆

长 4.2 厘米，宽 4 厘米

白色凝脂。片状不规则方形，双面工，浅浮雕变体
夔龙纹，碾磨平整，线条流畅，纹饰精美。

51　白玉虎形佩　清中期

直径 5 厘米，厚 1.2 厘米

新疆和田籽料，色白润泽。圆雕虎形。虎为兽中之王，能辟
邪压胜保平安，是民间儿童常佩戴的装饰玉。

52　白玉子辰环佩　清

直径 5.5 厘米，厚 0.8 厘米

白色。环形，双面工，纹样一致，一条龙首尾相接呈环状，龙身浅刻鳞片作饰，在龙尾处爬伏一只老鼠。鼠与龙组合，俗称"子与辰"，寓意天长地久、荣华富贵、平安吉祥。

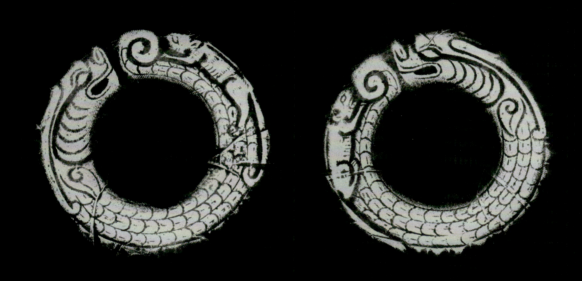

53 白玉货布佩 清

长 5.8 厘米，宽 3.2 厘米，厚 0.9 厘米

白色。铲形，单面工，采用减地法雕琢"货布"两字作装饰，形似新莽时期铜钱，寓意财源滚滚。

54 青白玉双喜牡丹纹佩　清

长8.5厘米，宽6.4厘米

色淡青，质润洁。如意头形，双面工，镂雕双喜、牡丹和蝠纹，线条纤细流畅，布局严谨雅致。

55　白玉圆雕蝠灵坠　清中期

长 4.2 厘米，宽 3.7 厘米，厚 1.1 厘米

新疆和田籽料，洁白凝润。蝙蝠灵芝形，采用镂雕和浮雕相结合的圆雕手法，碾磨精致浑厚。蝙蝠灵芝寓意"福寿双全"，是清中期民间装饰玉中的精品。

56　镶银红珊瑚蝶纹佩　清

高 7.3 厘米，宽 3.3 厘米

红色，色泽浓艳纯净。蝴蝶形，三面雕琢一只展翅
飞翔的蝴蝶，浅阴刻线表示其纹理，底部镶银。

57　荆州玛瑙双蘑菇坠　清

长 4.9 厘米，宽 3.4 厘米

玛瑙，赭红色不透明。蘑菇形，圆雕两朵相连的蘑菇，打磨光亮，蘑菇寓意"君子吉祥"。玛瑙也称玉髓，纯者为白色，若含有其他金属会呈现红、褐、蓝、绿、黑等色，是我国传统玉材。此坠所用玛瑙产自湖北荆州，俗称"荆州玛瑙"。

58　碧玺俏色金蟾坠　清

长 4.9 厘米，宽 3.9 厘米，厚 2.3 厘米

碧玺，紫红色和白色相间。圆雕俏色巧琢，荷叶莲子上蹲坐一只金蟾，寓意"连年有财"。

59 玛瑙俏色耄耋纹板指　清中期

长 2.3 厘米，宽 3 厘米
玛瑙，白色透亮。圆筒形，巧用玛瑙黄色皮浮雕蝴蝶和抬头
猫，上、下相互对望，谐音"耄"与"耋"。

60 仿古玉浮雕兽面纹阔板镯 清

直径7.3厘米，厚3厘米

东北黄料玉籽料，黄褐色，温润。环形板状，镯面
上浮雕四组仿汉代的兽面纹。黄料玉产自辽宁岫岩
铁岭地区，结构紧密，主色调为黄褐色，为仿古玉
最佳玉材，明清时期民间常用此做仿古玉。

61 碧玉素身盘 清乾隆

高 4.3 厘米，口径 17 厘米，底径 10.5 厘米

淡绿色。圆形，素身。外底阴刻隶书"大清乾隆年制"款，为宫廷日用器。

日用器皿的制作需要质坚、料大，色匀之玉材，素身器要求壁薄轻盈、方圆规整，因此，素身器皿的价格比一般器物高。

62　碧玉素身敞口碗　清嘉庆

高6厘米，口径14厘米，底径6厘米

新疆和田碧玉籽料，青绿色。圆形，素身，器壁厚薄均匀，抛光亮丽，圈足规整，外底阴刻隶书"嘉庆年制"款，为宫廷日用器。

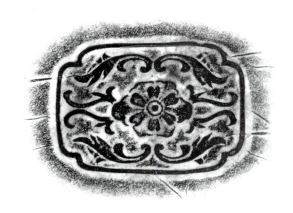

63　青白玉浅浮雕开光花卉纹倭角盒　清中期

高 4 厘米，长 4.9 厘米，宽 5 厘米

白色透青。海棠形，盖上浅浮雕开光花卉，去地平整，抛光
讲究，圈足规整，是清中期文房用具中的精品。

64　白玉素身渣斗　清乾隆

高8.9厘米，口径8.3厘米，底径5.8厘米

一对，新疆和田籽料，洁白凝脂。素身，碾磨光洁
平滑，一件底部有"大清乾隆年制"六字、一件底
部有"乾隆年制"四字阴刻篆书款。为乾隆造办处
所作，专供皇家使用。

0　1　2厘米

65　白玉海棠式花瓶　清乾隆

高 15.6 厘米，口径 8.7 厘米，底径 5.5 厘米

一对，白色，烤色呈黄色斑。海棠形，素身，器形庄重，制作规整，下配京琢中标准的嵌银丝三足铜座，具有高贵典雅的气质和落落大方的京城风味，属宫廷陈设用玉。

66　青白玉海棠式花盆　清中期

高9.7厘米，口径20厘米，底宽14.7厘米

白色泛青。海棠形，素身。底有四足，刻如意纹，器
形高雅规矩，抛光亮丽，是宫廷陈设玉，作套盆装
饰之用。

67　白玉海马负书图摆件　清乾隆

高 8.1 厘米，长 14.2 厘米，宽 5.3 厘米

新疆和田籽料，洁白凝脂，结构紧密。圆雕海马负
书图，琢工精细，下配红木原座，具有京琢风格。

68　青玉透雕花卉纹香熏　清

通高 6.7 厘米，口径 5.5 厘米

淡青绿色。方柱形，分身盖两层，盖顶透雕花鸟纹，盖裙浅浮雕勾云纹，器身四面开光浅浮雕折枝菊花纹，底部饰以台式座。

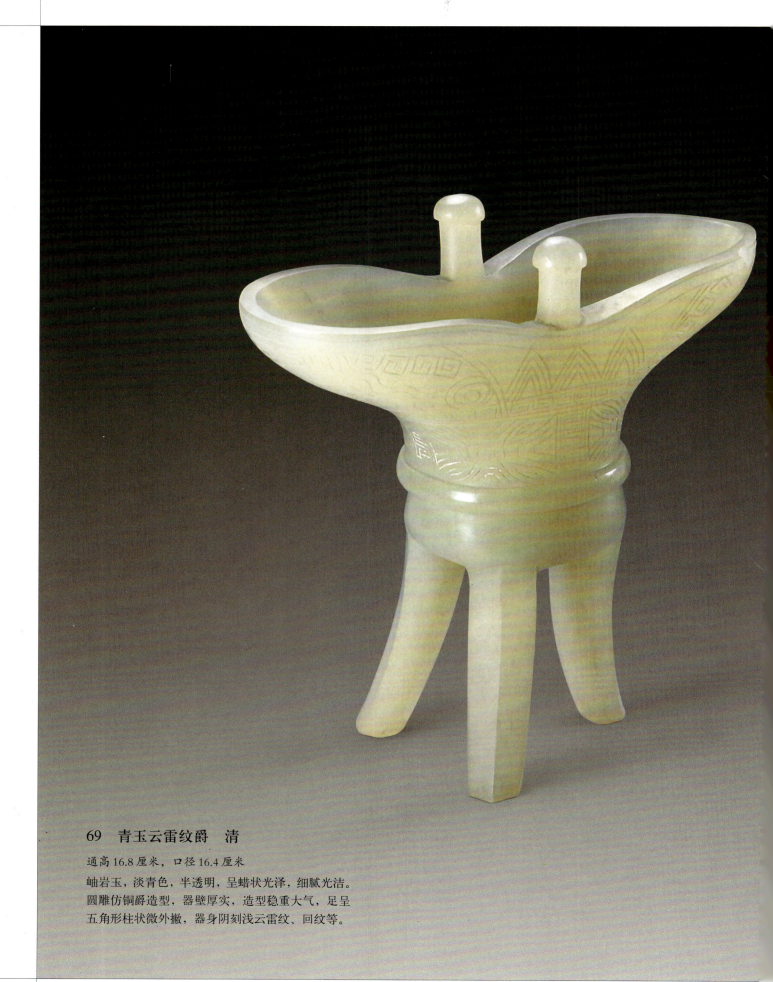

69 青玉云雷纹爵 清

通高 16.8 厘米，口径 16.4 厘米

岫岩玉，淡青色，半透明，呈蜡状光泽，细腻光洁。
圆雕仿铜爵造型，器壁厚实，造型稳重大气，足呈
五角形柱状微外撇，器身阴刻浅云雷纹、回纹等。

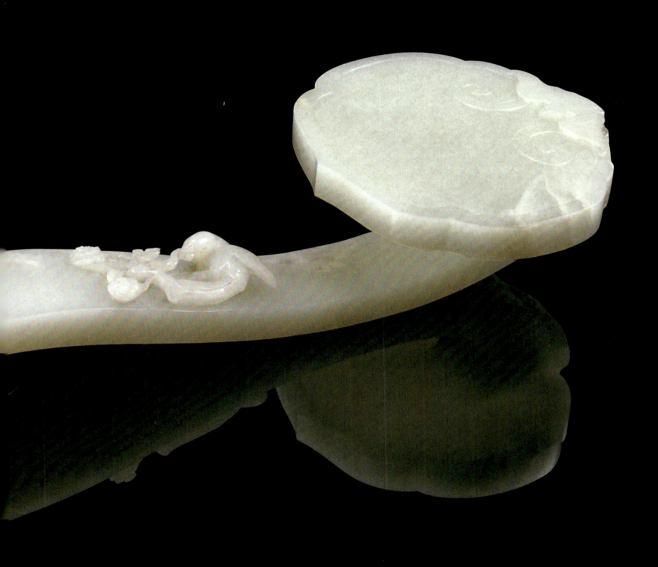

70 白玉深浮雕梅鹊如意　清乾隆

长44厘米，宽11.5厘米

白色有褐色斑。如意形，用整块和田白玉雕琢，深浮雕喜鹊、梅花纹，寓意"喜上眉梢"。如意头浮雕蝙蝠纹，寓意"福从天降"。玉如意有独梗雕，也有三镶雕，是清代乾隆年间常见的陈设玉。

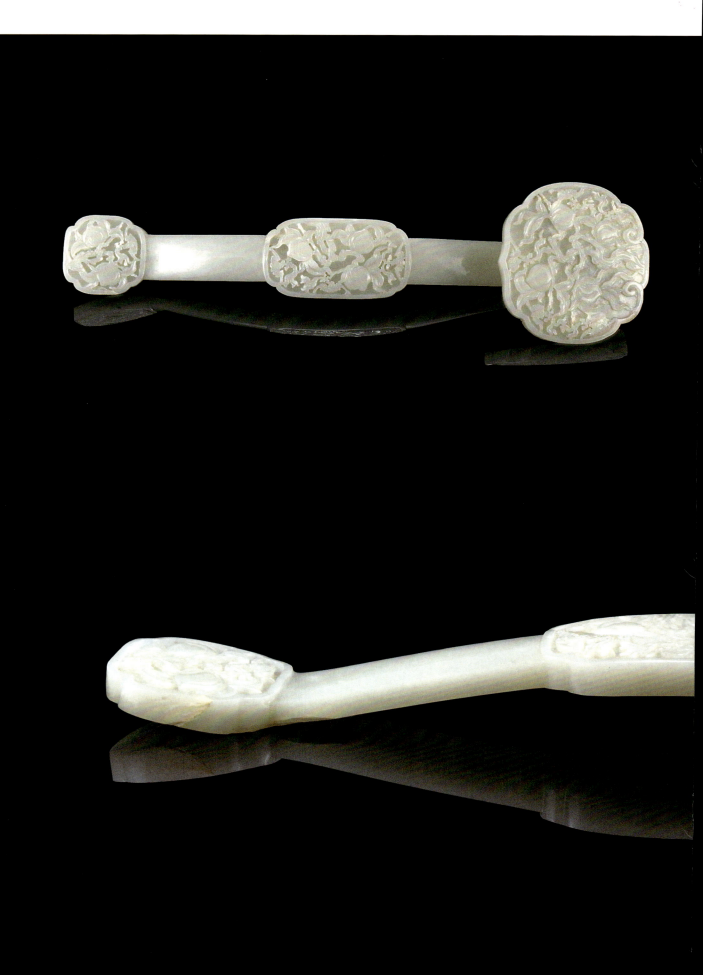

71 白玉五福九寿如意 清乾隆

长 45.5 厘米，宽 12.8 厘米

新疆和田上等白玉，洁白凝润。高浮雕五蝠九桃纹，寓意"五福捧寿"。清代器物上的桃纹数有"雍八乾九"之说。

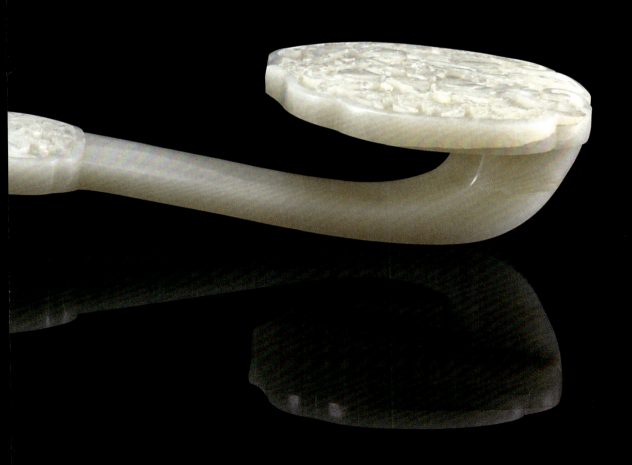

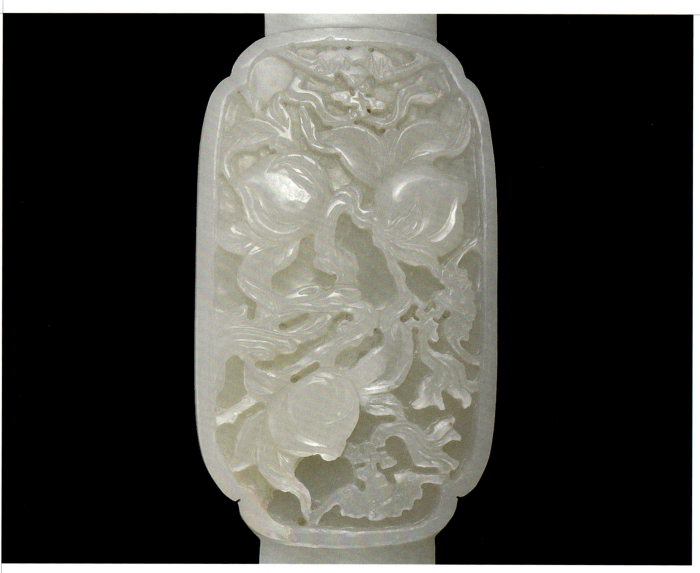

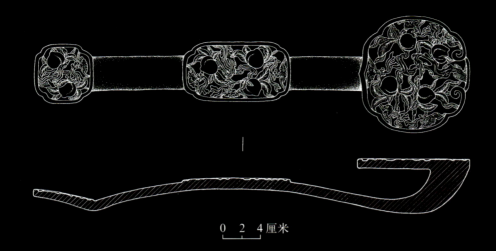

0 2 4厘米

72　白玉山水人物如意吉子　清中期

长 11.1 厘米，宽 10.1 厘米

洁白凝润。椭圆形，浅浮雕山水纹，一童子用小舟
载着一只开口大石榴，寓意"多子多孙"、"笑口常
开"，下附红木托座。此件为三镶如意中置于尾部的
一件。

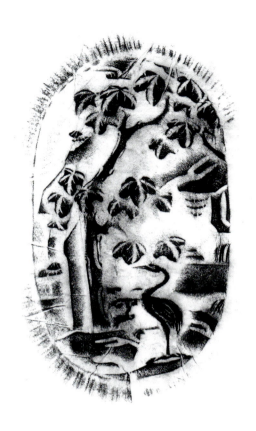

73　白玉山水仙鹤如意吉子　清中期

长 10.3 厘米，宽 6.2 厘米，厚 0.5 厘米

白色光洁。椭圆形，浅浮雕山水仙鹤纹，此件为三
镶如意中置于中间的一件。

74　白玉福禄纹如意吉子　清中期

长 6.4 厘米，宽 7 厘米

洁白凝润。椭圆形，浅浮雕一只从天而降的蝙蝠落
在一片秋叶上，中间有瑞鹿相伴，寓意"福禄同堂"，
"镇守家业"，是清代官府人家的陈设玉。此件为三
镶如意中置于尾部的一件。

75　琥珀圆雕双欢摆件　清

长3.5厘米，宽2.5厘米

色橘红艳丽，半透明。圆雕两只和睦相处的獾，憨
态可掬。獾读音"欢"，两只獾即有"双欢"之意。

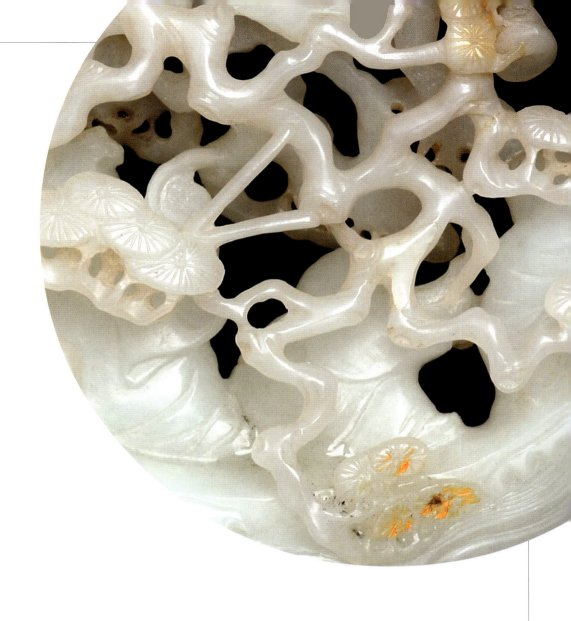

76 白玉仙人乘槎摆件 清

高 6.5 厘米，长 9 厘米

新疆和田籽料，白色，玉质细润致密。圆雕、镂雕一棵巨大的松树做成的木槎上，三神仙正用松枝摆渡，人物神情各异。构图巧妙，雕琢精细。

77 青白玉卧马摆件 清晚期

长 6.4 厘米，宽 3.9 厘米

白色泛青，玉质紧密。圆雕卧马，马肌肉饱满，具有明代风格。为陈设玉中的小摆件。

78 白玉开光花卉兽纽鼻烟壶　清乾隆

通高 3.8 厘米，口径 1.2 厘米，腹径 3.3 厘米，底径
1.5 厘米

洁白凝润。扁瓶形，内堂大，器壁薄，壶身圆形开
光，浅浮雕折枝花卉，镂雕云耳，配以狮纽盖，制
作精细，小件大样，为宫廷把玩之物。

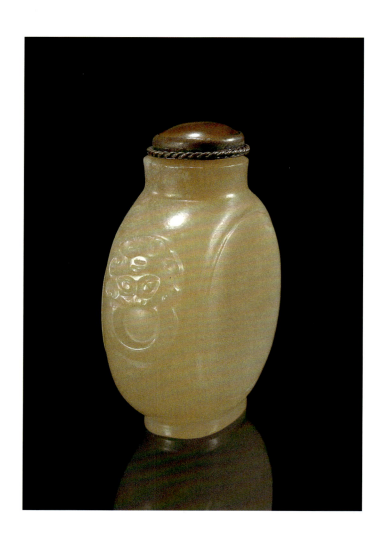

79　白玉双狮耳鼻烟壶　清道光

通高 5.6 厘米，口径 2.1 厘米，腹径 4.5 厘米

白色泛黄。扁圆形，壶身无纹，浅浮雕双狮耳作装饰，造型规整大气。

80　水晶莲瓣纹鼻烟壶　清中期

高 6.4 厘米，宽 2.4 厘米，底径 1.7 厘米

白色透明。圆柱形，内堂大且规整，瓶身为瓜楞形，肩部刻
覆莲纹，带水晶原盖，是清代鼻烟壶中的精品。

81 黄蜡石玛瑙俏色浮雕芦雁纹鼻烟壶 清道光

高 5.8 厘米，宽 2.8 厘米，厚 2.5 厘米

黄褐色。方瓶形，器身俏色浮雕三只不同姿态的芦雁，瓶两侧
以浅浮雕迎风飘拂状的芦苇组成一幅栩栩如生的花鸟画面。
蜡石是玛瑙中的一种，呈不透明状，是清代中晚期烟壶制作中
常用的材质。

专 论

温润凝脂　雍容雅致

——东莞市博物馆藏玉器概述

杨晓东

引　言

东莞地处珠江三角洲腹部，北倚广州，南临深圳，东江穿境而过，上连惠潮，下通省港，地理位置极其优越。据明代林光《重建东岳行宫记》所载，宋朝东莞茶山一带商品贸易已初具规模。

明代，广东的商品经济出现了前所未有的繁荣。隶属于广州府的东莞因交通便利商贸经济及对外贸易极其活跃。今藏东莞市博物馆的《却金坊碑记》和莞城光明路教场街口的《却金亭碑记》所载内容均折射出了当时商贸繁盛的景况（拙文《从两方却金碑刻解读明代东莞商贸经济》，《东莞市博物馆藏碑刻》，文物出版社，2009年，已有论述）。至晚清民国时期，商品经济达到高潮。境内的石龙与广州、佛山、陈村名列广东四大名镇。活跃的商贸活动为民众带来富足的生活，为人们披金带玉提供了基本条件。因玉器蕴含的君子之风，雕琢纹饰的吉祥寓意，玉器成了人们普遍喜爱之物而走进千家万户。玉器收藏也因此成为了博物馆收藏的一项重要门类，在其藏品中占有重要地位。

馆藏玉器简况

玉是山川精华，在中国历史上有着特殊的地位和作用，渗透于历代政治、文化、道德、宗教之中，国人于玉可谓情有独钟。许慎《说文解字》载："玉，石之美，有五德：润泽以温，仁之方也；鰓理自外，可以知中，义之方也；其声舒扬，専以远闻，智之方也；不桡而折，勇之方也；锐廉而不忮，絜之方也。"《礼记·玉藻》记载："古之君子必佩玉……君子于玉比德焉。"玉在古时的中国已被人格化、道德化。在汉语文字中，玉等同于美，如"玉颜"、"玉女"、"冰清玉洁"等。中国制玉已有近8000年的历史，史前有红山文化、良渚文化玉器；商周有殷墟文化、三星堆文化玉器；春秋战国至秦汉玉器更是琳琅满目。唐宋时期玉风转变，充满了浓厚的生活气息；元朝注入了北方民族的鲜明特征；明清时期玉器发展达到顶峰。

早期的玉器充满了政治和宗教色彩。《周礼》中载："以玉作六器，以礼天地四方，以苍璧礼天，以黄琮礼地，以青圭礼东方，以赤璋礼南方，以白琥礼西方，以玄璜礼北方"。人们对玉的使用有着较为严格的等级制度，大多被帝王巫师所掌控。唐宋以降，随着社会的发展，人们对玉的认识有了很大的变化，玉器制作逐渐远离政治和宗教，向世俗化发展，表现出浓厚的生活气息，玉器开始进入普通百姓的生活。

东莞市博物馆于1929年始建，初名"东莞博物图书馆"。1932年正式对外开放，抗日战争期间暂停，1959年恢复，易名为"东莞县博物馆"。经过几代同仁的努力，东莞市博物馆文物征集小有成果，虽然玉器类藏品不多，但也不乏精品。特别是1973年，故宫博物院调拨一批文物到本馆，其中玉器有23件（套），使得馆藏玉器提升了一个档次。

东莞市博物馆现有玉器藏品 156 件（套），其中以明清两代居多，年代最早的玉器为新石器时代，有少量商、战国、宋、元时期玉器。1989 年开始发掘的东莞市虎门村头遗址曾出土过 17 件石质、角质和骨质璋形器。但到目前为止，东莞尚未出土过传统意义上的玉器，馆藏玉器基本上是征集或调拨而来，大多为传世作品。现摘选几件具有代表性的藏品介绍如下：

清乾隆白玉海马负书图摆件：高 8.1 厘米，长 14.2 厘米，宽 5.3 厘米。玉质洁白温润，一面有淡橘红色皮，为新疆和田籽料玉雕琢而成，立体圆雕一匹神马，口衔飘带，背负宝图奔于浪花翻卷的海面之上，宝图呈卷状，以飘带系于马背。下配沉香木海浪纹座，应是京琢风格作品（图版 67）。

清乾隆白玉五福九寿如意：长 45.5 厘米，头部 12.8 × 11.5 厘米，腰、尾阔 6.5 厘米。玉质晶莹剔透，用整块上等和田白玉高浮雕而成。如意头饰二蝠四桃，中吉子饰二蝠三桃，尾吉子饰一蝠二桃，构成五蝠九桃纹。《书经》载："五福，一曰寿，二曰富，三曰康宁，四曰攸好德，五曰考终命。"在器物上装饰桃纹，雍正皇帝喜欢用八枚，乾隆皇帝喜欢用九枚，因此有"雍八乾九"之说。最初的如意是一种搔痒工具，柄端作手指形，因人手不能到之处以其代劳搔痒，可尽如人意，故得"如意"之雅号。至清如意发展到了顶峰，俨然是一种吉祥、财富与权势的象征。因含美好寓意，又为雅致陈设品，所以成为各地总督官员，向历代皇宫进贡的首选礼品。此件如意从纹饰、雕工来看，应是乾隆时期的宫廷用品（图版 71）。

清乾隆碧玉莲子荷叶洗：高 3 厘米，长 21.7 厘米，宽 13 厘米。色深略暗，带黑点矿物杂质，光泽亮丽。圆雕，用随形荷叶作大洗池，浅刻阴线荷叶肌纹，线条纤细流畅，叶边角伸出一小荷叶作水注，对面配以莲蓬，设计巧妙，造型生动（图版 37）。

清乾隆白玉素身渣斗：一对，高 8.9 厘米，口径 8.3 厘米。渣斗，又名爹斗、唾壶、唾盂，用于盛装唾吐物。最早见于晋代，多为瓷质，一般如置于餐桌旁，专用于盛载肉骨鱼刺等食物渣滓，小型者亦用于盛载茶渣，明清两代也被放置于床边和几案上，以备存纳微小废弃之物，用途有所拓宽，材质也日渐多样。有银器或漆器等。这对渣斗是用整块新疆和田白玉籽料雕琢而成，全身光素无纹，玉质晶莹剔透，润如凝脂，器壁薄而匀，通体圆滑，抛光技艺发挥到了极致。造型摆脱了常见瓷器渣斗的笨拙之俗，尽显雍容端庄气质。底部刻"大清乾隆年制"六字阴文篆书款，为乾隆造办处作品。应作宫廷内贵妃们唾盂之用（图版 64）。

清嘉庆碧玉光素敞口碗：一对，高 6 厘米，口径 14 厘米，底径 6 厘米。器壁无纹，内壁厚薄均匀，抛光十分亮丽。圈足规整，外底阴文刻有隶书"嘉庆年制"款。应为同一块新疆和田碧玉籽料琢成（图版 62）。

明白玉乳钉纹双螭耳杯：长 9.7 厘米，口径 6.1 厘米，底径 3.1 厘米。运用浅浮雕手法使器身之乳钉纹微微凸起，质地平整，抛光明亮，双耳螭纹杯是典型的明代晚期民间日用器皿之一（图版 28）。

清中期白玉圆雕蝠灵坠：长 4.2 厘米，宽 3.7 厘米。用和田籽玉雕琢蝙蝠灵芝纹，采用镂雕和浮雕相结合的圆雕手法，碾磨精致，玉质温润，洁白无瑕（图版 55）。

明末翡翠碾磨地浅浮雕山水人物带扣：长 7.1 厘米，宽 4.5 厘米。半透亮，淡绿色，以名人画稿山水人物作主题纹饰，碾磨地浅浮雕而成。碾磨地为晚明琢玉大师陆子冈新创的一种玉雕技法，通过平面减地而达到类似浅浮雕的艺术效果。翡翠在明晚期从缅甸开始进入云南腾冲，清乾隆之后在中国广为流传（图版 32）。

清荆州玛瑙双蘑菇坠：长 4.9 厘米，宽 3.4 厘米。微透明，有红色斑。玛瑙在我国很多地方均有出产。此件产自湖北荆州，俗称"荆州玛瑙"，圆雕呈双蘑菇形，蘑菇也称"菌子"，取其谐音，寓意"君子吉祥"（图版 57）。

清乾隆白玉开光花卉兽纽鼻烟壶：通高 3.8 厘米，腹径 3.3 厘米。扁圆形，小巧玲珑，玉质洁白无瑕，晶莹剔透。这件鼻烟壶小件大样，掏堂大，器壁薄而匀，玉质白润，配以兽形盖。应是王公大臣们所把玩的器物。为苏琢风格作品（图版 78）。

清道光白玉双狮耳鼻烟壶：通高 5.6 厘米，口径 2.1 厘米，腹径 4.5 厘米。玉色灰白，有乳白色结晶体，扁圆形，壶身碾磨下凹呈圆形无纹，两边浮雕狮首衔环纹作耳饰，配以铜镶半圆形红珊瑚盖。造型规整大方。具有浓重的京琢韵味（图版 79 ）。

清岫岩玉雕云雷纹爵：一对，高 16.8 厘米，口径 16.4 厘米。半透明，呈蜡状光泽。青白匀润，细腻光洁，纯正无瑕。仿铜爵造型，足呈五角形柱状微外撇。器身刻阴线云雷纹、回纹等几何纹。器壁厚实，造型稳重大气。也应为宫廷陈设用品（图版 69 ）。

对馆藏玉器的初步认识

馆藏玉器有着较高的文物价值

馆藏玉器的历史研究价值　东莞市博物馆所藏玉器虽然数量有限，但却拥有了新石器时代、西周、商、战国、汉、宋、元、明、清时期作品。除唐朝以外，馆藏玉器贯穿了中国玉器发展的几个主要阶段，基本上反映了中国玉器发展的历史，涵盖了新石器时代的生产工具、西周礼器、商代动物造型、战国和汉剑饰具、宋仿前朝作品、元"春水玉"炉顶、明仿古器、清鬼斧神工之作及晚清商品玉等。特别是一对"清乾隆白玉光素渣斗"、一清乾隆碧玉光素盘和一对"清嘉庆碧玉光素碗"均刻有年款，可以作为此时的标准器。图版 1 青玉钺与广东省韶关市马坝石峡遗址出土的风格类同[1]（图一），应与石峡文化有着密切关系。图版 8 西汉青白玉云纹剑珌与湖北省荆州市郢城镇黄山村出土的秦代玉剑珌[2]（图二）和广东省广州市象岗南越王墓出土的玉剑珌[3]（图三）造型和纹饰几乎一致，它们之间是否有着文化传承的关系呢？图版 13 元白玉透雕鹭鸶荷花炉顶与吉林省扶余市凤华乡班德城出土的金代莲鹭纹玉炉顶[4]（图四）和四川省成都市利民巷元代窖藏出土的三件莲鹭纹玉炉顶[5]（图五）风格基本一致，与北方游牧民族有着密切的联系。图版 14 元末白玉透雕龙纹帽顶与湖北省钟祥市梁庄王墓出土的明代嵌玉金帽顶造型风格几乎一致[6]（图六），应有着密切的关系。图版 17 明白玉龙首带扣与四川省绵阳市东方绝缘材料厂宋墓出土的玉带扣在造型和纹饰上基本一致[7]（图七），它们之间存在着一定的承袭关系。类似这样的资料还有不少，无疑对玉器文化研究有着一定的参考价值。

在玉材方面，馆藏玉器除有新疆和田白玉、青白玉、碧玉、糖玉外，还有岫岩玉、黄蜡石玛瑙、荆州玛瑙、碧玺、水晶、翡翠等，较为丰富。玉器种类中的礼玉、佩玉、葬玉、兵器玉、器具玉、陈设玉基本涉及。可谓一份较为齐备和完善的珍贵实物资料，对博物馆而言，为举办陈列展览提供了条件，为开展鉴定培训提供了保障，为进行玉文化研究打下了基础。根据现有馆藏状况，填补其空白，充实其种类，丰富其藏品，将成为我们今后玉器类文物征集的方向。

馆藏玉器的经济价值　藏品中有 23 件（套）是来自北京故宫博物馆院的调拨，基本上为清宫廷用品，这批玉器材质优良，雕工精湛，器形硕大，有着极高的经济价值。一件清乾隆白玉海马负书图摆件（图八）曾于 2006 年 11 月 28 日在香港佳士德拍卖会上以 1017600 元人民币成交。该件器物

图一　史前玉钺

图二　秦代玉剑珌

图三　西汉玉剑珌

图四　金代莲鹭纹玉炉顶　　　　　　　　　　图五　元代莲鹭纹玉炉顶

与图版67清乾隆白玉海马负书图摆件造型基本一致，但材质和品相与本馆这件藏品就有些差距。图版71清乾隆白玉五福九寿如意，长45厘米，由整件玉石雕琢而成，可以想象这需要多大的石材才能雕琢而成。经过几千年的开采，新疆和田玉料现已近枯竭，要找一块那么大的上等石料已是不易。2006年12月9日，北京嘉信拍卖行，一件编号为0268的清白玉如意以2200万元人民币成交；2007年10月，苏富比拍卖的一件清乾隆御制白玉云蝠纹"游龙戏珠"图如意也以8291125元人民币成交（图九）。1997年12月18日，北京翰海秋季拍卖会上，一件造型与馆藏几乎一样编号为0965的清嘉庆白玉渣斗以396000元人民币成交（图一〇）。由此我们可以预见，这批宫廷用玉经济价值必将不断攀升，具有极高的经济价值。

馆藏玉器的艺术价值　古人有云，美玉必具"温、润、坚、密"四美，所谓温，即色调柔和、悦目；润，即有油润之感，握之透凉；坚，即质地坚硬，不受渗色；密，即紧密细腻，雪白润凝，握之沉重。馆藏的玉器，大多具备了这些条件，可归入美玉之列。其中有10件乾隆时期的作品，更

图六　明代嵌玉金帽顶　　　　　　图七　宋代玉带扣

图八　清代白玉海马负书图摆件　　　　　图九　清乾隆白玉云蝠游龙戏珠纹如意

图一〇　清嘉庆白玉渣斗　　　　　　　　　图一一　唐代玉组佩

是上乘之作，这批玉器雕琢不计工本，集古今工艺之大成，工艺精湛，其圆雕、透雕、浮雕、阴刻、阳刻、俏色、描金镶嵌无所不备，线条婉转流畅，变化多端，选料精良，莹润细腻，光泽柔美，造型典雅，极具富丽堂皇的宫廷韵味，具有极高的艺术价值。

皇家用玉与民间用玉交相辉映

　　杨伯达先生曾把中国玉器发展划分为三个体系：神本主义的巫玉、人本主义的王玉和民本主义的民玉[8]。巫玉产生于史前时期，其主体是巫以玉事神的玉神器。王玉经历了秦代至清代的整个帝制时代，其主体是玉瑞符及玉佩饰，它为王权服务。民玉始于五代而成于宋代，历经元、明、清三朝而久盛不衰，自成体系，与帝王玉并行于世。宋至清时期，如果具有商品性，且并非直接由朝廷下拨的玉器都基本上可视为民间用玉。王玉则为帝王宫廷所用之物或由朝廷直接下拨给王公大臣之器。

　　故宫博物院这23件（套）皇家用玉与馆藏民间用玉在此交相辉映。皇家用玉雍容华贵，精美华丽，充满皇家的富贵气息；民间用玉雅致乖巧，质朴无华，具有清新纯洁、平易近人的生活气息。两者形成鲜明的对比。

　　在器形上，皇家用玉硕大，造型端庄典雅，雍容华贵，尽显皇家风范，图版64清乾隆白玉素身渣斗可视为此类代表；而民间用玉，多为小件器物，造型千变万化，灵巧秀雅，极为随意，图版55清白玉圆雕蝠灵坠可视为其代表。在玉材方面，皇家用玉选材精良，基本上为新疆和田上等玉材，多为白玉和碧玉，玉质纯净洁白，晶莹剔透，润如凝脂，图版67清乾隆白玉海马负书图摆件可视为其代表。而民间用玉则没有那么多讲究，常见青玉和青白玉，晚清民国时期的器物，多为边角凑料制成，图版57清荆州玛瑙双蘑菇坠可视为代表；在雕琢方面，皇家用玉不计工本，设计大气，构图严谨，多采用高浮雕和圆雕手法，刀法犀利流畅，碾磨精细，一般为京琢制品，图版71清乾隆白玉五福九寿如意可视为代表。民间用玉则过多考虑成本问题，就材料大小及形状来设计，构图较为随意，常见浅浮雕和阴刻手法，雕琢和碾磨略显粗糙，但也不乏精细作品，图版51清白玉虎形佩可视为代表；在纹饰上，皇家用玉多采用传统的吉祥纹样，布局繁密华丽，常见用造型替代纹饰的装饰手法，图版36清青白玉勾莲纹椭圆形砚滴可视为其代表。民间用玉纹饰丰富多样，布局没有严格的讲究，多随玉料而改变，纹样内容多采用谐音吉祥图案，图版58清碧玺俏色金蟾坠可视为代表；在用途上，皇家用玉多见陈设器物以及生活器皿，图版65清白玉海棠式花瓶可视为其代表。而民间用玉更多的是佩带用玉或服饰上的装饰物品，图版50清白玉浅浮雕夔龙纹佩可视为其代表。

　　在玉器文化里，皇家用玉与民间用玉既有鲜明的差异，又互为补充，将是博物馆举办陈列展览难得一寻的好素材，两种用玉的对比，必将成为展览的亮点和看点。同时也是宣传培训的好教材，好标本。

收藏状况与东莞经济发展相吻合

广东在先秦考古发掘中，以粤北的曲江马坝石峡遗址为代表，出土了一些新石器时代晚期的玉石器。而在珠江三角洲一带除了博罗县横岭山先秦墓地出土95件玉石器外，则较少有玉器出土。东莞虎门村头遗址石璋、角璋和骨璋的出土算是略有显现，填补了此时期东莞这一领域的空白。

秦汉时期，广州南越王墓出土大量精美玉器，其玉质精良，种类丰富，雕琢精湛，喻示着秦汉时期广东因海上丝绸之路的开通，海外贸易及社会经济空前繁荣。可以说此时是广东玉器发展最为辉煌的一个阶段。此后广东玉器开始走入低谷，出土的唐宋元时期的玉器如凤毛麟角，目前所见只有广东韶关市唐代张九龄墓出土的一套玉组佩[9]（图一一）和其弟张九皋墓出土的玉猪和玉棒[10]（图一二、一三），以及广东省广州市黄埔大道出土的明代蝶形玉佩（图一四）。东莞此时期考古发掘未有玉器出土，一片空白。

明以前的馆藏玉器极少，只有16件，基本上是征集而来。馆藏明清两代玉器相对丰富，其实是与明清东莞商品经济的形成与商品贸易的繁荣有着密切的关系。

明清时期，广州是"洋货"和"土特产"的集散地。商品流通极度活跃，成为了全国进出口贸易中心，玉器便是商品流通中的一项。在晚清时期，广州西关一带形成了规模宏大的玉器市场，玉器贸易空前繁荣，毗邻广州的东莞因此而受益。因商品经济的发展，莞人生活富足，晶莹剔透，秀雅乖巧，寓意吉祥的玉器，随之而成为人们的喜好，佩玉之风骤然兴起。许多平民百姓家庭都存有玉器，我们能征集到的玉器也以此时期的为主。现馆藏玉器中，以明清两代居多，以民间用玉为主，佩饰占有很大比重。这点与东莞经济发展的历史相吻合。

图一二　唐代玉猪　　　　　　　图一三　唐代玉棒　　　　　　　图一四　明代蝶形玉佩

玉材与制作折射明清东莞商贸的繁荣

除故宫博物馆院调拨的玉器外，本馆旧藏玉器来源还是较为广泛的。明代苏州、北京、扬州为中国三大琢玉中心，到了清代，因广州的玉器商品贸易空前繁荣，广东各地能工巧匠纷纷汇聚广州，经营玉器，逐渐形成初具规模的玉器加工场，广州玉石雕刻业因此逐渐繁荣，成为岭南的制玉中心。此时的玉雕形成了京琢、苏琢、番琢三种个性鲜明的风格，京琢以北京为代表，制玉大气粗犷，具有富丽堂皇之风；苏琢以苏州为代表，琢玉精细秀雅，具有浓重的文人雅气；番琢以痕都斯坦为代表，琢玉以其器壁薄、纹饰整齐、抛光亮丽而著称。广州的制玉风格介于京琢和苏琢之间，以商业为目的，注重的是媚俗和低成本。馆藏的大部分玉器具有此风格，我们可视为广琢玉器。

清乾隆白玉开光花卉兽纽鼻烟壶雕琢精湛，内堂掏得很大，器壁极薄，器身碾磨成开光折枝花卉，镂雕云耳，配以兽形盖。布局雅致，线条纤巧，瑞兽灵动，具有苏州琢玉的典型风格，应是来自苏州的产品。清道光白玉双狮耳鼻烟壶，以双狮耳为饰，是从道光瓷器双狮耳瓶的造型上演化而来的（常见有玛瑙双狮耳瓶和水晶双狮耳瓶，是民间常见的造型）。雕琢简练流畅，造型规整大气，方正有度，具有典型的北京琢玉风格，应是来自北京的产品。

玛瑙也称玉髓，硬度为摩氏 6.5 ~ 7.0 度，玛瑙纯者为白色，若含其他金属元素则呈现红、褐、

图一五　西汉螭纹玉剑格

图一六　西汉玉剑璏

蓝、绿、黑等色。有透明至微透明的玻璃光泽，是我国传统玉材，古代玛瑙有来自西域、印度、巴基斯坦等国的贡品，也有产在我国内地东北三省的。清荆州玛瑙双蘑菇坠的材料产自湖北荆州，俗称"荆州玛瑙"。

翡翠在明晚期从缅甸开始进入中国云南的腾冲。民间文人开始使用，常见物有带扣、圆佩及文房实用器等。清乾隆中期翡翠进入皇室，成为宫廷用玉。明翡翠浅浮雕山水人物带扣以名人画稿作为主题纹饰，碾磨地浅浮雕而成，具有明末风格。玉材来自云南。除此之外，馆藏还有少量的岫岩玉、碧玺、水晶材质藏品。

在馆藏玉器中，宋代和明代有相当比重的玉仿古器，晚清也有部分仿古器，主要为火烧玉仿古，或以地方杂玉替代。图版10宋白玉深浮雕螭纹剑格与河南省永城市芒山汉墓出土的西汉螭纹玉剑格造型纹饰基本一致[11]（图一五），应为仿此风格器物。图版11宋白玉兽面云纹剑璏与湖南省衡阳市空军基地4号墓出土的西汉玉剑璏器形纹饰基本一致[12]（图一六），应为仿此风格器物。图版59晚清仿古玉浮雕兽面纹阔板镯，造型与浙江省余杭市瑶山1号墓出土的玉镯较为相似[13]（图一七），应为仿此风格器物。宋代、明代和晚清仿古玉盛行是因为当时市场大批量的需求所致。

当来自全国各地的玉材，汇聚京苏两大琢玉中心的产品，琳琅满目的仿古玉呈现于我们的眼前时，我们可以想见当时那熙熙攘攘、车水马龙、商贾云集的一幕。

综上所述，东莞市博物馆珍藏玉器虽然数量不多，但质地优良，种类丰富，雕琢精细，题材广泛，具有较高的艺术价值、经济价值及收藏价值，是我们开展陈列工作，进行科学研究，举办相关活动较为珍贵的实物资料。

图一七　史前玉镯

注　释

[1] 古方主编：《中国出土玉器全集》（11），科学出版社，2005年。

[2] 古方主编：《中国出土玉器全集》（10），科学出版社，2005年。

[3] 古方主编：《中国出土玉器全集》（11），科学出版社，2005年。

[4] 古方主编：《中国出土玉器全集》（2），科学出版社，2005年。

[5] 古方主编：《中国出土玉器全集》（13），科学出版社，2005年。

[6] 古方主编《中国出土玉器全集》（10），科学出版社，2005年。

[7] 古方主编：《中国出土玉器全集》（13），科学出版社，2005年。

[8] 杨伯达：《传世古玉鉴定中的一次有益的交流和沟通——"实证鉴定法"的认同》，《岭南藏玉》，广东省文物鉴定站，2005年。

[9] 广东省文物管理委员会、华南师范大学历史系：《唐代张九龄墓发掘简报》，《文物》1961年第6期。

[10] 徐恒彬：《广东韶关罗源洞唐墓》，《考古》1964年第7期。

[11] 古方主编:《中国出土玉器全集》（5），科学出版社，2005年。

[12] 古方主编:《中国出土玉器全集》（5），科学出版社，2005年。

[13] 古方主编:《中国出土玉器全集》（8，科学出版社，2005年。

（作者单位：东莞市博物馆）

玉 风 南 渐

——晚清以来岭南玉器概况

古 方

一

岭南，是指中国南方的五岭之南的地区，相当于现在广东、广西全境，以及湖南、江西等省的部分地区。岭南古为百越之地，是百越族居住的地方，秦末汉初，它是南越国的辖地。长期以来，南岭山脉作为天然屏障，阻碍了岭南地区与中原的交通与经济联系，使岭南地区的经济、文化远不及中原地区，被北方人称为"蛮夷之地"，玉器制造业也比较落后。直至清代时，随着商业贸易的活跃，以及与中原地区文化交流增多，珠江三角洲的玉器市场逐步发展起来。本文所提到的岭南玉器主要指的是广东玉器市场。

在清代，广州水陆交通日益发达，商业活动频繁，玉石雕刻业也逐渐繁荣。尤其是自清康熙年间重设海关、废除"匠籍"管理制度后，广东各地能工巧匠集中到广州经营，民间玉器生产经营蓬勃发展，广州便成为全国珠宝玉石进出口贸易中心。清代道光年间成立了行会组织，制定了严格的行规和学师制度，规定凡玉器工人都要加入行会，才允许从事玉器制作。负责行会业务的人称为值理，由行业人员推举有声望的长者担任，每两年选举一次。行会内按生产业务不同，分别成立六个堂口：成章堂，主管制作花件和光身碎件；镇宝堂，以制作玉镯为主，亦制作其他光身产品；诚福堂，以制玉镯圈为主；崇礼堂，专开大料；裕兴堂，主管玉器墟（作坊）及玉器摊档的摆卖；昆裕堂，专门经营玉石原料。前四个堂口均带徒传艺，成章堂学艺四年，其余的学艺三年，满师后方可入行工作，并可父传子一人。

清代光绪年间，广州源胜西街附近的"西来初地"一带已有"玉器墟"。据文献记载，清朝末年，广州西关聚居了一批名门望族、官僚巨贾，在宝华路、多宝路等地建起了西关大屋。他们喜爱玉石古玩，当中出现了一些有名的收藏家，从而带动这里形成了民间收藏之风。可见，广州的源胜西街虽不起眼，但自清代以来，它及其附近带河路（即现在的康王路）、长寿路一带，已是广州的玉器集散地和玉器加工场。源胜西街、长寿路一带的玉器古玩买卖传统，与广州西关自清代以来形成的博古好雅的收藏风气有关。20世纪90年代以来，源胜陶瓷玉石工艺街的规模不断扩大，店铺如雨后春笋般涌现。商家看中这里的密集人流，纷纷租下了田料古道、河溪涌边、汇馨街等地的民居，经营玉器古玩买卖。尽管受20世纪末亚洲金融危机影响，收藏业一度低迷，但源胜陶瓷玉石工艺街总体上仍在不断发展，尤其是近几年来经济好转，古玩收藏人数剧增，现在这一带有近千家经营工艺品的店铺。

清末至民国时期，也是中国玉器市场一次空前繁荣的时期。1860年和1900年外国侵略军两次进攻北京，掠夺圆明园和清宫的玉器珍宝。1911年，清朝末代皇帝溥仪逊位，将宫中的玉器携出皇宫，这些玉器成为这一阶段中国玉器市场的重要货源。同时仿古玉及时作玉器也进入市场，对玉器市场的繁荣起到了推波助澜的作用。这一时期，玉器通过私下买卖或者流传，进入到北京、东北和广州。当时广州作为开放口岸，海内外交易的频繁，促使广州的玉器业空前繁荣起来。

清末民国时期也是广东翡翠历史上的发展期，然而当时翡翠的进口量仅十几吨至数十吨而已，其中的高档玉料则更少。再加上连年战火，幸存下来的翡翠藏品也为数不多，所以现在市场的翡翠古玉很难一见，即便有一些，其年代也不会超过百年，价值也应与现代翡翠相差无几。

1929～1936年应当是广州玉器行业发展的鼎盛时期。当时的广州社会相对安定，经济较为发达，人们对金玉装饰的需求在逐步增加。长寿路的祥胜玉器墟和带河路的崇德玉器墟，生意最为兴隆，成为我国南方最大的珠宝玉器商场，驰名海内外。而此时，缅甸的翡翠进口到广州，为玉雕生产提供了充足的原料，使玉雕业得以迅速发展，最盛时从业人员过万人，主要集中在大新路、文德路、长寿路、文昌路、带河路一带。

二

广州的玉器翡翠市场逐渐成熟，也拥有了大批的固定收藏群体。与它相邻的香港，收藏市场比内地成熟。香港的富人和文人普遍喜欢文物艺术品收藏。香港的民间玉器收藏可能是全球华人社会里最为丰富的了，尤以"敏求精舍"最为出名。"敏求精舍"成立至今近50年，在世界中国文物收藏领域具有重要影响力，一直是联系内地与港澳台乃至全球中国文物艺术品收藏家的重要纽带。2005年11月～2006年7月，"千祥云集：中国吉祥图案文物·敏求精舍四十五周年纪念展"在香港艺术馆举行。展品包括书画、玉器等门类，总数达220多件，蔚为大观，显示了香港民间收藏的强大阵容。

广东是我国的文化大省，又是沿海经济发达地区和改革开放的最早地区，有众多的民间古玉收藏爱好者，玉器交流活动也日趋活跃。2006、2007和2008年，由中国收藏家协会主办的"中国民间藏玉精品展"分别在深圳、广州和佛山举行。主办方希望利用广东省这个古玉器文化研究载体和交流平台，推广传统玉文化，使广东地区的经济资源和文化资源得到充分的整合。每次展出的古玉器数量近200件，历史跨度大，从新石器时期到现代，达8000多年；覆盖地域范围广，以新石器时期古玉器为例，包括了齐家文化、红山文化以及良渚文化等新石器时期文明遗存的古玉器。内涵丰富的古玉器代表了当时最高的生产力水平、艺术成就与文化思想。这三次玉器展对广东省民间古玉器研究与收藏起到一个积极的推动作用，使广东的民间古玉器收藏掀起一个新的热潮，迈上一个新的台阶。展览把对古玉收藏知识的普及与提高紧密结合起来，使得广东的玉器市场更加成熟，使更多的古玉爱好者积极加入到古玉收藏的队伍中来。

三

广东人历来喜欢玉器，明清白玉拍卖市场表现相当惊人，成交价格和成交率都不断攀升，尤其从2006年以来，明清玉器成为藏家竞相追逐的焦点。藏家基本是来自广州、深圳、香港以及澳门等地，他们关注和收藏的主要是明清时期的玉器。明清两代是我国白玉制作的巅峰时期，此时的白玉制作借鉴历代绘画、雕塑等多种表现手法，将各种传统工艺融会贯通。其作品已达到了炉火纯青的地步，不但玉质精美，而且雕工细致，尤其是其寓意十分丰富，如"福气眼前"、"马上封侯"、"多子多福"、"鸿运当头"等题材，特别受到人们的青睐。另外，明清玉器年代较近，相对容易鉴别，因此广东以及周边地区的藏家偏爱明清玉。还有，明清玉投资回报大。近年来明清白玉的价格涨幅每年都保持在10%以上，投资升值前景非常看好，其中以玉牌、玉佩、玉手镯特别是以十二生肖动物为主体装饰的明清白玉尤受青睐。佩玉一件在身，既可辟邪，又能借以喻德，且适合把玩欣赏。以上诸多因素导致广东玉器市场明清玉器收藏持续升温。

至于翡翠拍卖，这几年价格也是节节上涨。翡翠的价格之所以能一路走高，主要与中国这十几年来经济高速发展有关。当人们富裕到一定程度的时候，便会追求高品位生活，近几年奢侈品市场非常红火，翡翠作为奢侈品的一种，价格自然也就水涨船高。但与其他奢侈品不同的是，翡翠作为稀缺资源，面临着越来越匮乏的境地。而中国人对翡翠有特别的偏爱，市场对翡翠的需求暴增，更突显了翡翠的价值。以上种种原因，使翡翠价格涨幅近期一直领跑整个珠宝市场。与20世纪70年代相比，特级高档翡翠的价格涨了近3000倍。近10年来，种优、水好、质佳的高档翡翠价格上涨了近千倍。在香港、广州、深圳等地，都有珠宝翡翠拍卖专场的成功纪录，而以香港拍卖会品位领先。1997年5月佳士得春季拍卖会上，一对碧绿欲滴、镶有佩钻的翡翠耳环，以1322万港币成交，创出了翡翠耳环拍卖的最高价格。在1997年11月佳士得拍卖会上，一串由27颗翡翠珠子组成的翡翠项链以7262万港币成交，创下了翡翠拍卖历史上的世界记录。

四

　　玉器与中国人结缘已有悠久的历史。几千年来，人们寻玉、琢玉、佩玉，不断地丰富玉文化的内涵，才使玉成为中国文化最高境界的代表。大约在300年前的清朝，缅甸出产的绿色翡翠开始传入中国，晶莹透亮的翠绿立即征服了酷爱玉石的中国人，中国玉文化从此掀开了新的一页。

　　中国有句谚语："乱世金，盛世玉"。时至今日，当中国人民步入小康社会和太平盛世的新世纪，对翡翠玉器（包括黄金或铂金镶玉）的喜爱就更加强烈，而广东人对翡翠玉器的喜爱程度又在全国名列前茅，这也是促使广东四大翡翠玉器市场形成和兴旺的一个因素。

　　珠江三角洲具有得天独厚的地理位置，由于毗邻港澳台地区，经济发展迅速，与国际市场信息交流方便快捷，现已成为国内主要的珠宝首饰加工贸易集散地，四大翡翠玉器市场也就得以快速形成和发展。

　　广州玉器市场：广州有条专营玉器珠宝的街道，人称"华林玉器街"，地处广州市内西关繁华商业区，由下九路至长寿路，绵延1000多米，各路商贾云集于此，顾客如云，热闹非凡。华林玉器街，大多数是批发零售翡翠制品的，品种繁多，有古玉、戒面、玉镯、花牌、仿古玉器以及玉器摆件等。藏家主要来自内地、港台以及南非、日本、韩国、东南亚等地。

　　四会玉器市场：四会是广东省四大翡翠玉器基地中历史最悠久、规模最大的，被国家授予"中国玉器之乡"。四会玉雕由来已久，起源于清代宫廷治玉工艺。抗日战争前当地就有人出外到广州、香港等地从事玉器、象牙、骨、木、核等雕刻手艺，但工艺水平不高，产品单调。1958年人民公社后，当地许多公社办起了玉器、象牙等加工企业，从此，当地加工玉器的人也逐渐多了起来。1971年四会工艺厂诞生，招收了30名爱好工艺美术的青年作为首批学徒，购进一批先进的玉器生产加工机械设备和生产工具，提高了玉器加工的工艺技术水平。1986年，四会工艺厂解体转产，厂里的多个技工，纷纷加入玉器行业的个体工商户行列，四会由一家玉器工艺厂发展到几百家玉器加工厂。1995年，当地政府在城区建设了1000多米长共600多家铺位的玉器街，成了非凡热闹的玉器专业街市，国内、港澳台、东南亚乃至世界各地的客商纷纷前来进行玉器交易。客商四会采集，外地销售，来去匆匆，天光墟便由此产生。每天凌晨五点，天光墟玉器市场已是人头攒动，吆喝声此起彼伏。各式的玉器在灯光的照射下，荧光闪耀。据说每天天光墟成交额超过50万元人民币。天光墟多以经营尚未加工抛光的毛料玉器为主，玉器原料全部来自缅甸。广东省四会市并无玉石资源，需千里迢迢到中缅边境的边贸市场采购翡翠，或购入河南南阳玉，或进口澳玉等，其中以缅甸翡翠为主。玉器小作坊分布在四会市各区各镇，在四会市城东一条500米长巷子里，开设着500多户玉器铺子，形成著名的四会玉石街，主要经营当地加工的玉器制品。

　　阳美玉器市场：位于广东省揭阳市区西部的阳美村，素以"金玉之乡"著称。自1905年起，村民就从事玉器加工生产贸易，迄今已有百年历史。到目前为止，全村共有大小玉器加工及贸易企业400多家，主要向国内外销售翡翠玉器。1997年，全村玉器加工贸易额就超过亿元。如今，阳美村已拥有大型油锯玉机、中型夹钻抛光机、小型雕刻机等3000多套先进的加工生产设备以及1500多名从事玉器加工贸易的专业人才。以阳美村为核心的揭阳玉器业历史悠久，因其工艺精湛，质量上乘，在业界评价甚高，产品远销东南亚各国，规模迅速扩大。现在，揭阳重点玉器产区东山区（包含阳美村），已有玉器工贸厂商4846家，从业人员12万多人，2004年玉器销售额近40亿元，实现税利8亿元。

平洲玉器市场：平洲位于广东省佛山南海区东部。平洲玉器加工始于20世纪30年代，当时平洲的平东一带就已有小有名气的玉器世家。改革开放后，平东村发展村办企业，广州南方玉雕厂帮助平东人加工生产玉器制品，由于玉器效益好，经营玉器的村便逐渐增多，后来就遍地开花了。目前平东村有350多户人家从事玉器业，基本上都是家庭作坊，前店后厂，干的人多了，就出现了集中经营玉器的市场。平洲玉器的特色产品是玉镯，占玉器销售总量的60%～70%，可谓玉镯之乡。玉镯的价值通常较高，平洲玉器的年成交额超过亿元。每天到平洲采购玉器的客商近千人次。平洲已成为我国规模最大的玉镯市场之一。

广州玉雕曾被公认为南派的领头羊，其在品种、雕工、用料等方面都形成了鲜明的地方特色。20世纪80年代以来，广州玉器市场逐步兴旺发展。但与此同时，玉雕技艺却逐步走向衰落，其中，玉器买卖重玉石材质而轻雕刻技术是一个重要原因。笔者以为，玉器收藏注重的是文化内涵和历史价值，玉料重要，雕工同样不可忽视。

随着人们生活水平的提高，玉器的功能有所转变。广东人渐渐意识到玉器市场的重要性，在建立玉器街时也选择在有传统文化气息的老城区，以刺激玉器民间交易市场的发展。起初，玉器原来是作为财产来保护、收藏起来的，但现在它的装饰、美化功能越来越强。广东人对中国古代玉器比较认同，送礼时喜欢送玉器，玉器成为了广东人消费、收藏的最佳艺术品。

（作者单位：北京玉学玉文化研究中心）

东莞村头遗址出土璋类器物浅识

李　岩

娄欣利

村头遗址位于珠江虎门入海口东岸，在珠江三角洲平原的东南部，北距东莞市近30公里。该遗址分布于村头村西侧的台地上，发掘面积达万余平方米。1989～1990年初和1993年3～7月，广东省文物考古研究所联合东莞市博物馆先后两次对该遗址进行发掘，发掘清理了明代和商代两个时期的遗存。村头遗址商时期遗存的发现与清理，对研究珠江三角洲地区的早期青铜器文化有着极为重要的意义和价值。明清时期遗存的发现，为了解该地区居民建筑形式和陶器断代提供了可贵资料。

2006年5月～2009年初，笔者有幸参与了东莞市村头遗址的资料整理和报告编写工作，接触到一些与广东地区先秦时期玉器相关的遗物，现将其相关收获整理成文，以求教于各位专家学者。

一

东莞村头遗址的资料整理工作显示，该遗址共有四期遗存，其中第一期至第三期大体相当于早商至晚商之际，第四期为晚商偏早阶段。在众多的遗物当中，石质的璋以及骨、角质的璋类器物为较新认识的器形。举例如下：

石质的璋共有5件。根据射之刃部形状，分为A、B两型。其中A型者射部平或斜刃，有4件标本。根据其射部钮牙的分布情况，还可划分出两个亚型，Aa型和Ab型，其中前者为一侧有钮牙，且数量略多；后者则两侧有钮牙，仅一件。Aa型，标本89DCT1006③E：6。完整。器身长条形，平刃，射部一侧连续排列的有11个钮牙，其中与邸部相连者最为粗壮，其顶端又分别雕刻出4个小牙，邸部尾端斜收，射部邸部连接处的另一侧有半个钻孔，孔边缘整齐，邸部还有个未钻透的盲孔，有孔一侧器身留有切割痕迹。看起来似乎为成对制作的，该标本是其中一件。长18.4厘米，最宽3.5厘米，最厚1.2厘米（图一）。标本89DCT0610③：6。残。器身长条形，射部和邸部均残。射部一侧有一组钮牙，其顶部又被分别雕刻为三个小牙，射部邸部连接处有一个钻孔，孔边缘整齐，残长10.9厘米，最宽3.8厘米，最厚1.1厘米（图二）。标本89DCT0612③：10。完整。器身长条形，平刃，射部一侧有一个钮牙，柄部尾端斜收，射部邸部连接处有一个钻孔，孔边缘整齐，与标本89DCT1006③E：6类似，器身一侧有明显的切割痕迹，并加磨制，长14厘米，最宽4.9厘米，最厚

图一　石璋

图二　石璋

图三　石璋

图四　石璋

图五　石璋

1.1厘米（图三）。Ab型，标本89DCT0811③：15。残。器身长条形，射之刃端残，射部两侧各有两组钮牙，一侧每组又雕刻为三个小牙，另一侧则为一个较大的牙，和一组两个小牙，邸部尾端斜收，射部邸部连接处有一个钻孔，孔边缘整齐，残长16.6厘米，最宽5.4厘米，最厚1厘米（图四）。

B型射之刃部略呈弧状。1件。标本89DCT1503③A：4。邸部残。器身长条形，残长11.5厘米，最宽4.9厘米，最厚0.6厘米（图五）。

田野发掘时，上述标本都被暂时命名为石戈，但整理过程中，我们发现它与石戈还是存在明显的造型差异，主要表现在：

珠江三角洲地区该时段的戈通常为长身、长直援、直内、有阑有穿，锋部呈三角形。而村头遗址所见之璋，亦为长身，射部与石戈的援部类似，但也有明显的不同：璋的射部通常截面为长方形，而戈如有脊，则截面呈菱形，或援的两侧被磨出刃，类似戈的锋部在璋类器物中为射部的一端，形态上呈斜刃状，或开叉的燕尾状。戈的内部与璋的邸部形状十分相似，而且都有穿。而璋从实际出土器物的情况来看，有时穿不只一个，而是多个穿，在戈类器物中则不见多穿的情况。戈的阑部与璋的钮牙部存在不同：阑通常为援与内之间的一条凸棱，而钮牙部位于射邸之间，虽然也是凸棱的形状，但不仅有一条的情况，还常有多条的情况，在钮牙的表面，特别是较为粗壮的牙顶端（两侧）还被刻画或磨制出两至三个小的牙口。从村头遗址出土的璋来看，还有一种较为特殊的情况，就是璋器身的一侧，有明显的切割痕迹，贯穿射、邸，另一侧磨制呈圆角方形的形态。鉴于上述一些差异，在整理的过程中，我们将璋和戈类器物作出了区分和重新定名。

众所周知，玉璋作为玉器中的一种主要器物，它有着自身独特的蕴意，被认为是上级向下级传达旨意时的一种信物。虽然村头遗址所出之璋非玉石原料制作，但根据其器形所表现的特点，应当说它与北方地区所见商周时期的玉璋应当具有相同或类似功能。参考仿铜陶鬲和仿陶铜鬲命名的原则，或许村头遗址石质的璋可以称为：仿玉石璋。

二

由于整理工作过程有了对石质璋认识的基础，其后，在整理大量的动物骨骼类遗物时，就辨认

图六　骨璋

图七　角璋

出若干骨、角质的璋类器物，举例如下：

骨、角质的璋类器物共有成品残品 12 件。标本 89DCT1604④C：2。残。动物骨骼制作，残存长方形邸部，可见一圆形穿孔和两组五对钮牙，钮牙间有凹槽，雕刻精致。残长约 6.7 厘米，厚 1.4 厘米（图六）。标本 89DCT1503③C：5。射部稍残。鹿角制作，以角近头端磨制成长方形邸部，角尖端为射部，射断残，邸、射部结合部位刻出上下各 4 个钮牙，牙间有凹槽分隔，邸部有一圆形穿孔，且邸之末端磨制成长方体形态，残长约 30.2 厘米，最厚 2.2 厘米（图七）。标本 93DCT2510③：3。残。动物肢骨制作，邸部为长方形，射部呈斜长条形，射顶端稍残。邸、射部结合部位刻出上下各 3 个钮牙，牙间有凹槽分隔，邸部有一圆形穿孔。磨制精细。残长约 19.2 厘米，最宽 4.5 厘米，最厚 1.1 厘米（图八）。

除此之外，还有骨、角质璋的三件半成品。标本 93DCT1913H7：8。残。鹿角制作。角近头一端截取呈斜平面，两侧有削或砍痕，已经初步有璋柄的形状。残长约 27.9 厘米，直径约 2.1 厘米（图九）。

骨、角质的璋类器物与石质者器形基本相同，特别是其标志性的部位造型——钮牙的形态与石质者相似，稍有不同的是骨、角质的璋之钮牙刻画、磨制不仅限于器物的两侧，而是贯于器物表面。而器身造型的差异可以理解是为了就原材料外形而导致的，即使是骨、角质璋本身也有这样的差异，例如角质的长，截面保留了角的形状，而动物肢骨制作的则截面扁，而且形状显得随意些，但这些都可以看作次要的差别，不影响它们作为璋的主要形态。

根据目前所见的出土器物，骨、角质璋为村头遗址所仅见，当然，随着日后田野工作的开展、认识的深化以及资料积累，不排除在其他同时期遗址发现该类器物的可能。根据村头遗址动物骨骼鉴定的结果来看，角质璋大部分由水鹿之角加工而成；而动物肢骨者，由于磨制以后，其自然属性封面的特点被人工所消磨，尚无法判断具体属于哪些动物的肢骨，但从该遗址大型动物鉴定的情况推测，属于鹿和牛这两类动物肢骨的可能性比较大。

三

1. 就村头遗址的分期而言，从第二期开始出现的石、角骨质的璋是新鲜文化因素。璋的分布十分广泛，形制各异，而且年代之跨度也十分大。从中原北方至长江流域、福建、广东、香港等地均有分布。村头相邻区域出土璋的一处材料是香港大湾遗址 M6，出土有钮牙之璋[1]，但缺乏共出的陶器，关于其年代有两种意见，本文暂从晚商说。村头遗址第二、三期的璋（含骨角质者）是近年发现最多的一处，其中石质的璋又有两种类型，其中本遗址 A 型石璋在除两侧有钮牙之外，还有 B 型璋，即射的尾部呈开叉的造型，这类璋就目前资料观察，二里头、三星堆均有类似者，但在岭南地区比较少见；与 B 型璋形制接近，且空间相对接近的出土地点还有揭阳市仙桥镇山前遗址[2]，揭阳市仙桥镇山前遗址的璋之射部刃端为弧形开叉，村头之 B 型璋虽然稍微残缺，但仍然可见弧形刃端的基本形态；与山前遗址之璋共存的器物还有：石戈、三角形石矛、釉陶豆、方格纹有流带把壶、方格纹折肩凹底罐等，报告者研究认为系浮滨文化的遗物，该璋的年代大体在商晚期前后。而村头

图八　骨璋

图九　角璋半成品

B 型璋射顶端的造型与之接近，根据村头遗址同期陶器的年代特点，本文认为，村头 A、B 型石璋年代早于大湾出土璋之墓葬及山前者，是目前珠江三角洲地区发现最早的璋。

2. 一般认为，璋应当为礼器，这些材料对于认识村头遗址相应时期与岭北地区的文化交流，遗址本身的社会意识形态，乃至社会组织结构等均有很大的帮助。商时期中原地区对岭南的影响相当深远。根据共存陶器推测，村头第二期的璋比浮滨类型的璋年代早，同时，那么，关于牙璋的传播途径则成为日后需要关注的重要话题。整理过程中，我们也注意到，无论第二期或第三期，石质或角骨质的璋在平面分布上有一定规律，那就是主要分布在该遗址的东部和东北部，这一区域是该遗址房子的主要分布区域，将对我们认识该类器物的具体情况以及与遗迹之间的关系等问题，提供了有价值的线索。

3. 璋在岭南以外的地方绝大多数为玉质所制作，村头，乃至广东其他地区所见，非玉石原材料的璋和其他诸如环、玦等均有相似的情况，这表明，岭南地区文化进程与中原、长江流域等地区关系密切，同时也说明，在吸收来自北方影响的同时，有相当十足的本地化的意味。在后世的历史时期也有类似情况，例如南越王墓葬中陶质的璧即为玉璧的仿制品。礼器本地化的原因推测：首先是社会需求有一定的量，而玉石原料的取得比较困难，同时也被注入了本地的审美因素。如果将这个历史过程再向前追溯的话，我们会发现，石峡文化时期，玉琮更多的为舶来品，进入商时期，则仿制品的种类和数量明显增加，说明文化本身独立性的加强，这一点从陶器等因素观察也比较明显，石峡文化时期与长江下游面貌更接近，而商时期则自己的东西突出出来。所谓以管窥豹，虽一斑，实关联全体和过程。

注 释

[1]区家发、邓聪：《香港南丫岛大湾遗址发掘简报》，《南中国及临近地区古文化研究》，香港中文大学，1994 年。

[2]揭阳考古队、揭阳文化局：《揭阳的远古与文明》，香港公元出版有限公司，2003 年。

（作者单位：李　岩　广东省文物考古研究所
　　　　　　娄欣利　东莞市博物馆）

玉簪琐谈

何 锋

《东莞市博物馆藏玉器》，所收的藏品均为历年收藏和征集的古代玉器精品，时间跨度长，品类丰富，为玉器的鉴赏提供了丰富的实物图像资料。在此，笔者拟就图录中展示的玉簪，结合出土实物以及文献和传世品，从用途、造型、纹饰、工艺等方面进行整理和归纳，梳理出玉簪的发展脉络，从而加深对中国古代玉器的了解和认识。

一 簪的别称、用途和质地

簪，古时称"笄"，秦汉时才称"簪"。刘熙《释名·释首饰》云："簪，建也，所以建冠于发也。"簪又称为"先、笺、篸、搔头"等。《说文解字·先部》云："先，首笄也……簪俗（作）先。"《周易象辞》卷六则作进一步解释："簪，首笄也，象人首加物束发之形，以竹为之，俗遂从竹。""笺"、"篸"通"簪"，《广雅·释器》云："竹度（造字，上下结构）谓之簪"，可为例证。清代厉荃《事物异名录》卷十六又载，"笺，谓之簪，亦作篸。"南朝刘孝威《妾薄命篇》："玉篸久落鬓，罗衣长挂屏。"句中玉篸即指玉簪。

"搔头"名称始见于汉，据刘歆《西京杂记》卷二载，"（汉）武帝过李夫人，就取玉簪搔头，自此后宫人搔头皆用玉，玉价倍贵焉。"后人则用搔头借代发簪，如唐代白居易《采莲曲》中有云："逢郎欲语低头笑，碧玉搔头落水中"，句中碧玉搔头即指碧玉簪。

簪一般由簪首（又称帽、头）和簪身组成，簪身尾部多呈尖锥状。簪的别称较多，为了叙述方便，下文除引言外，均作"簪"。

簪最早的用途，据《仪礼要义》卷三十五云："凡笄有两种，一是安发之笄，男子妇人俱有"。即把头发束起来挽成发髻，然后用簪贯穿发髻使发髻不散，男子、妇人都可使用。此种用途的发簪已为大量的出土实物所证实。"一是为冠笄，皮弁笄爵弁笄，惟男子有而妇人无也。"即将冠戴在已束好的发髻上，用簪从冠旁的孔中横贯发中，再由另一旁的孔中穿出，把冠牢固于发髻上。这种固冠簪见于江苏吴县金山天平[1]出土的白玉莲花冠和碧玉簪（图一）。而"惟男子有而妇人无也"的说法则不尽然，从宋代开始也有妇人戴冠和使用冠簪。

簪除了用来固冠和安发之外，还用于仪礼和装饰。仪礼上的用簪，在《周礼注疏》有载："弁师掌王之五冕……（衮冕）五采缫十有二，就皆五彩玉十有二，玉笄朱纮。"又云："追师掌王后之首服，为副、编、次、追衡笄。"郑玄注曰："追犹治也，王后之衡笄皆以玉为之"。规定周天子和王后在重要的仪式上所戴的冠冕和首服均用玉笄。

此外，古代女子还有行"笄礼"的仪式。《仪礼·士昏礼》载"女子许嫁，笄而醴之"，郑玄注曰："许嫁，已受纳徵礼也，笄女之礼犹冠男也，使主妇女宾执其礼"。女孩年满15岁，就要举行"笄礼"，仪式由主妇和女宾主持，即将女孩的丫角髻改梳成发髻，在髻上插簪，标志女孩已经成年，具备出嫁的资格，故又有"及笄"之称。

簪的质地丰富多样，主要有竹、木、陶、石、骨、牙、角、玉、琉璃、琥珀、金、银、铜、铁等。其中以玉最为珍贵，是身份尊贵的象征。

二　玉簪的造型、纹饰和雕琢工艺

玉簪，又称为"琼簪"、"玉搔头"。《南史·崔祖思传》曰："琼簪玉笏，碎以为尘。"琼，泛指美玉。据目前考古发掘资料，玉簪最早见于新石器时代遗址，分布于黑龙江、山西、山东、陕西、安徽、江苏、湖北、湖南、广东等省，分布范围很广，出土数量较多。从造型和纹饰上来看，大致可分为两大类。一类为简洁型，即整器不加纹饰，簪首多为平顶，簪身有圆柱型、棱形、方形、扁平形等，线条规整流畅，通体琢磨精良，抛光圆润。代表器形有湖南澧县孙家岗遗址 14 号墓[2] 出土的白玉簪。一类为丰富型，造型美观，纹饰精美，此类型玉簪占的比例较大。纹饰主要体现在簪首的雕琢上，分为几式：

1式：簪首为动物造型，主要有鹰、凤鸟、人首等。其中又以鹰形为多，如陕西神木石峁遗址[3]和湖北肖家屋脊遗址[4]均有出土。凤鸟形和人首形罕见，前者见于陕西延安市芦山峁遗址[5]（图二）。簪首透雕一抽象凤鸟。后者见于山东临朐西朱封遗址 202 号墓[6]，簪首与簪身相连处以及簪身各浅浮雕一人首像。

2式：簪首为螺帽形，簪身呈圆柱状，一端尖钝。湖南孙家岗遗址 33 号墓[7]和湖北肖家屋脊遗址有出土。

3式：簪首呈榫状，簪身光素无纹。以广东韶关马坝石峡遗址[8]出土为代表。

4式：镶嵌式，以山东临朐西朱封遗址（图三）出土的最为精美，簪首与簪身有榫口相接。

史前出土的玉簪，分属于仰韶文化、大汶口文化、凌家滩文化、良渚文化、石家河文化、龙山文化、陶寺文化和石峡文化等，墓葬规格较高，说明使用者身份尊贵，有可能是部落首领、酋长、巫师等，其用途既用于安发，也兼具象征身份。从选材来观察，史前先民们不但能识别和区分玉、石，而且掌握了相当高水平的琢玉工艺，已能熟练运用线刻、减地、透雕、浅浮雕、碾磨、抛光等技法，并结合片雕、圆雕、镶嵌等手段。特别是镶嵌式的玉簪，造型别致，琢磨精美，充分显示了先民们高超的艺术构思和娴熟的工艺技巧。

夏商周时期，由于统治阶级对玉的高度占有，所以出土玉器相对集中，特别是商代晚期，数量激增，仅河南安阳妇好墓[9]就出土玉簪 20 多件，由此可见一斑，现分几式介绍如下：

1式（标本 1323，523，529）：素身，簪身有圆锥形、扁平形。相似器形见殷墟 18 号墓[10]。

2式（标本 931）：簪首呈薄片状，用双勾阴线雕出抽象鸟纹。相似器形见殷墟奴隶祭祀坑[11]（图四）。

3式（标本 524）：顶端两侧各雕一跪状人，戴高冠，簪身琢竹节纹。尖残，靠顶端处有一小孔。

此外，其他商代墓葬出土与上述形制不同的玉簪还有：

1式：簪首薄片状，两侧有凸棱，一侧顶部饰"人"字纹。簪身扁圆。殷墟 18 号墓出土。

2式（标本 R1303）：簪首为鹦鹉形，簪身残缺。侯家庄 1001 号大墓出土[12]。

3式（标本 R1520）：簪上部如纽形，纽下束腰，簪身呈圆柱状。侯家庄 1001 号大墓出土。

西周玉簪，在河南鹿邑、三门峡、山东济阳、陕西长安、扶风、甘肃灵台等墓葬均有出土。玉簪以素身为多，也有形制特别的，如陕西长安张家坡墓[13]出土的玉簪（图五），簪首为一圆雕小鸟，底部有一圆柄，可与簪身相接，惜簪身已佚。

出土的夏代至商代早期玉簪很少，以商代晚期至西周为多，说明玉器的生产已由史前的分散走向集中，并专为王室服务。雕琢工艺有了新的发展，造型和纹饰较为抽象，带有神秘感，具有象征性和装饰性的特点。喜用双勾阴线构图，线条圆转流畅，注重细部的加工，碾磨和抛光精良。

春秋战国时期，由于受儒家思想"君子比德于玉"，"君子无故玉不去身"的影响，玉器的功能

图一　江苏吴县出土白玉莲花冠和碧玉簪

图二　陕西延安出土玉簪

图三　山东临朐出土玉簪

图四　河南安阳妇好墓出土玉簪

图五　陕西长安张家坡出土玉簪首

图六　河南淅川下寺出土玉簪　　图七　河北中山靖王墓出土玉簪

图八　陕西唐长安遗址出土玉簪

发生变化，由原来专门为神服务逐步走向为人服务，人们对玉簪的质地、造型、纹饰和工艺要求更高，除用优质的和田玉外，工艺上出现了崭新的面貌，运用隐起、浅浮雕、透雕、镶嵌等技法，将颜色不同或质地相异的材料组成一体，具有立意新颖，精致灵巧的特点。河南淅川下寺一号墓[14]（图六）和山西长治分水岭270号墓[15]出土的玉簪最具代表性。

图九　河北石家庄史天泽家族墓地出土玉簪

出土的两汉至南北朝玉簪数量较少，主要有河南洛阳、河北保定、山东济宁和青海西宁等地。出土的玉簪多为素身，有纹饰的以河北中山靖王刘胜墓[16]出土最为精美（图七）。整器玲珑剔透，线条流畅，富于流动感，与以往的玉簪造型相异，体现了汉代玉器不拘泥于形式、讲究神韵动态的审美情趣，尤其是镂空技术，比战国更胜一筹。

唐代，是我国封建社会的鼎盛的时期。玉簪的雕琢在继承传统的风格和形式上，能融会贯通，推陈出新，令人耳目一新。主要分为两类：一类为传统形，即整器用玉雕琢，简洁朴素。如陕西西安东郊韦美美墓[17]出土的白玉簪。

一类为镶嵌形，即将玉簪首镶嵌在金、银簪身上。如陕西唐长安城兴庆宫遗址[18]出土的6件白玉簪首，均呈薄片状，双面饰鸳鸯海棠纹（图八）、石榴海棠纹和凤鸟海棠纹。

从玉簪的构图和纹饰中可以看出，这一时期的玉器大量吸收绘画和雕塑的表现手法，重写实，生活气息浓郁，完全摆脱了过去玉器神秘抽象的特点，擅用细劲、密集、整齐的阴线刻画细部，并着眼于对精神状态的表现，强调生活性，开一代玉雕艺术之新风。

图一〇　安徽灵璧出土玉簪

宋代的玉簪主要出土于江西瑞昌、安徽休宁和四川广汉等地的墓葬[19]，形制、种类与唐代比较接近，但写实性更强，特别是花鸟的表现，形象生动传神，与宋代花鸟画注重师法自然相吻合，达到了生活与艺术的和谐统一。雕琢工艺细腻娴熟，一丝不苟，阴刻线的运用比唐代疏朗，具有淳厚朴茂、华而不艳的特点。

元代的统治者是北方的蒙古少数民族，其服饰和习俗与汉族不同，统治时间又短，所以出土的玉簪资料比较缺乏，出土地点主要有河北石家庄，江苏无锡和四川成都。其中以河北石家庄后太保村元朝丞相史天泽家族墓[20]出土的白玉凤鸟纹簪首（图九）和成都利民巷元代窖藏[21]出土的缠枝花纹玉簪首最具代表性。

从上述玉器来看，元代的玉器受宋代的影响较深，例如玉凤的造型，追求自然、写实。镂空缠枝莲花簪首，花卉枝叶互相缠绕，空灵剔透，但又呈现出北方游牧民族的剽悍粗犷的艺术风格。玉凤颈部和花瓣用深刀法，充满力度与魄力，并且具有强烈的立体感，还有线条的刚劲有力，细部的不加修饰等，都说明了元代既能尊崇本民族的风俗习惯又能吸收不同民族的优秀传统，做到兼收并举，融会贯通。虽然出土的元代玉器不多，但时代风格明显。

图一一　北京定陵出二玉簪

明清两代，是玉器步入鼎盛的时期。原来由皇家贵族专享的玉器，已经走入平民百姓家。和田玉的大量开采以及皇家对玉的重视，促使制玉业高度发达。玉器数量之多，品种之全，工艺之精均为历代之最。所以出土和传世的玉簪，数量和品类都非常丰富。

明代的玉簪造型多样，题材广泛，特别是富有民族特色的吉祥图案极为盛行，寓意深刻。从造型和纹饰上分，主要有以下几式：

1式：簪首呈半圆球形（蘑菇形），簪身或素身，或饰云龙纹、蟠螭纹等。以安徽灵璧高楼窖藏[22]为代表（图一〇）。

2式：簪首为动物形，有龙首、虎首、麒麟等，分为圆雕、扁平透雕和立体透雕三种。福建龙岩墓葬有出土[23]。

3式：簪首为立体透雕花鸟。江苏南京沐睿墓[24]有出土。

4式：整器雕琢成竹形。南京沐睿墓和江西南城明益定王朱由木墓[25]均有出土。

5式：玉簪呈扁弧形，簪身较宽，簪首透雕吉祥图案，末端或圆弧或收尖。四川绵阳明墓[26]有出土。

6式：玉簪两头尖锐，弧折成几状，器面纵向呈弧形。江西星子砖瓦厂取土工地采集[27]。

图一二　江西九江刘瑞祺墓出土玉簪　　　　　　　　　　　　　　图一三　故宫博物院藏玉簪

7式：玉簪上镶嵌宝石、金银饰件等。如北京定陵地宫[28]出土的玉簪（图一一）。

8式：簪首用玉雕琢，镶嵌在金银或其他材质的簪身上。簪首雕琢花鸟、龙凤童子等纹饰。实物见安徽嘉山板桥陇西恭献王李贞夫妇墓[29]。

明代的玉簪，逐渐摆脱唐宋时期形神兼备、雍容华贵的艺术风格，趋向世俗化，图案以民间喜闻乐见的事物为题材，装饰韵味较重，工艺上则追求灵巧秀美，线条富于变化。

清代的统治者是满人，受其服饰的影响，整个清代，男子必须剃发留辫，不得束发，故玉簪多为妇女使用，以传世品居多。出土者则见于吉林通榆兴隆山清代公主墓[30]，江西南昌向塘飞机场[31]和安徽蚌埠西郊清代墓[32]等。部分形制和纹饰基本是沿袭明代，如清代公主墓出土的金首嵌玉石银簪，与明代7式相似；向塘飞机场和蚌埠西郊墓出土的透雕玉簪，与明代5式相似。此外，清代常见的玉簪还有以下几式：

1式：传统形，簪身呈圆锥形，素身，簪首雕琢简洁。浙江嵊州甘霖镇香主庙清墓[33]出土。

2式：两端宽，略弧收尖，中间内收，素面无纹。江西九江清山西巡抚刘瑞祺墓[34]出土（图一二）。

3式：簪身扁长，下端收尖，光素无纹，簪首稍弯，作如意形，上浮雕或阴线琢出纹饰。有部分如意上镶嵌宝石。多见于传世品。

4式：簪身呈扁长条形，又称为"扁方"，是清代满族妇女首饰，使用时安插在旗髻之中，呈"一"字形。故宫博物院收藏较多，如万寿扁方[35]（图一三）。

5式：耳勺形玉簪，簪身呈弧形，两端微翘，尾部收尖，簪首为耳勺形状，中上部为透雕花卉。福建龙溪地区专署工地[36]出土。

清代所用的玉料，除常见的白玉、青玉、碧玉外，还大量使用缅甸翡翠。从工艺上来看，清代玉器是历代工艺的集大成者，各种技法综合运用，规矩方圆，一丝不苟。尤其玉簪，无论是出土或是传世品，都雕刻精美，元明时期不拘小节的雕琢特点，在清代已不复存在，特别是侧面、底部、腔里及不为人所注意的地方，也精雕细刻，碾磨圆滑，十分讲究。

综上所述，玉簪的使用，始终伴随着中国古代玉器的发展，见证了玉器的产生、成长、繁荣和鼎盛，其材质、造型、纹饰和工艺深深地打上了时代的烙印。

注释

[1]中国玉器全集编辑委员会：《中国玉器全集》（5），河北美术出版社，1993年。

[2][7]古方主编：《中国出土玉器全集》（10），科学出版社，2005年。

[3][5]古方主编：《中国出土玉器全集》（14），科学出版社，2005年。

[4]石家河考古队等：《肖家屋脊——天门石家河考古发掘报告之一》，文物出版社，1999年。

[6]中国社会科学院考古研究所：《山东临朐朱封龙山文化墓葬》，《考古》1990年第7期。

[8][23][36]古方主编：《中国出土玉器全集》（11），科学出版社，2005年。

[9]中国社会科学院考古研究所：《安阳殷墟五号墓的发掘》，《考古学报》1977年第2期。

［10］中国社会科学院考古研究所:《安阳小屯村北的两座殷代墓》,《考古学报》1981年第4期。

［11］中国科学院考古研究所:《安阳殷墟奴隶祭祀坑的发掘》,《考古》1977年第1期。

［12］梁思永等:《侯家庄1001号大墓》,（台湾）中央研究院历史语言研究所，1962年。

［13］中国社会科学院考古研究所:《张家坡西周玉器》，文物出版社，2007年。

［14］河南省博物馆、淅川县文管会、南阳地区文管会:《河南淅川县下寺一号墓发掘简报》,《考古》1981年第2期。

［15］山西省文物工作委员会晋东南工作组、山西省长治市博物馆:《长治分水岭269、270号东周墓》,《考古学报》1974年第2期。

［16］中国社会科学院考古研究所、河北省文物管理处:《满城汉墓发掘报告》,文物出版社，1980年。

［17］呼林贵、侯宁彬、李恭:《西安东郊唐韦美美墓发掘记》,《考古与文物》1992年第5期。

［18］杨伯达:《中国玉器全集》（中），河北美术出版社，2005年。

［19］［21］［26］古方主编:《中国出土玉器全集》（13），科学出版社，2005年。

［20］河北省文物研究所:《石家庄市后太保元代史氏墓群发掘简报》,《文物》1996年第9期。

［22］［29］［32］古方主编:《中国出土玉器全集》（6），科学出版社，2005年。

［24］南京市博物馆:《江苏南京市明黔国公沐昌祚、沐睿墓》,《考古》1999年第10期。

［25］［27］［31］［34］古方主编:《中国出土玉器全集》（9），科学出版社，2005年。

［28］中国社会科学院考古研究所:《定陵》，文物出版社，1990年。

［30］吉林省文物工作队、白城地区文管会、通榆县文化局:《吉林通榆兴隆山清代公主墓》,《文物》1984年第11期。

［33］古方主编:《中国出土玉器全集》（8），科学出版社，2005年。

［35］杨伯达:《中国玉器全集》（中），河北美术出版社，2005年。

（作者单位：广东省文物鉴定站）

南越王墓玉器散记

全 洪

　　广州市解放北路象岗山上的南越王墓是西汉初年南越国第二代王赵眜的陵墓,是岭南地区发现规模最大、出土遗物最多的石室墓。1983 年 6 月发现,同年 8～10 月进行发掘[1]。

　　南越王随葬器物众多,有 1000 余件套,单件数量逾万件,其中玉器数量较多、种类齐全。墓主和地位稍高的殉人都有玉器随葬,南越王的储存室还存放着一批玉器。据统计分析,南越王墓的玉器可分为:玉衣、鼻塞、觿、璧、璜、组玉珮、舞人、佩饰件、玉具剑饰、带钩、印章、六博子、铜框镶玉卮、铜框镶玉盖杯、角形杯、盖盒和铜承盘高足玉杯等 19 种共 244 件[2]。由于该墓出土玉器数量之多、品类之广以及保存状况之好是汉代考古前所未有的,被誉为“汉玉大观”[3]。现将玉器出土概况简介如下:

　　前部三室:前室西边置车的模型,东边殉一御者。殉人身上有一串组玉佩,由玉璧、玉环、玉璜和铜璜等佩饰组成,南北向纵列成行。东耳室陈放宴乐器,其中钟磬旁有一青年男性殉人,可能是乐伎。殉人遗骨上有一串组玉佩,当系乐师所佩带的。西耳室是各种珍宝的库藏,藏有青铜礼器、金银饰件、玉石珍玩等达几百件。在中部靠北墙处有一漆盒,内装 43 件玉剑饰。

　　后部四室:主室居中。墓主身穿丝缕玉衣。玉衣上、下盖垫 30 余块大玉璧。头前及双肩平置 3件精致的透雕玉饰,胸上覆盖成串的组玉佩饰,还有 4 把玉具剑。墓主身上有印章 9 枚,最大一枚是“文帝行玺”龙纽金印,还有螭虎纽“帝印”玉印和墓主名章“赵眜”玉印等。木椁头厢放置一大批珍宝,其中一个盛珍珠的漆盒上面叠置 7 件大玉璧,还有玉角杯、玉盒、龙形玉带钩等。足厢里有银盒、玉璧 2 件、陶璧 139 块。陶璧与玉璧摞叠在一起,显然当作玉璧看待。东侧室殉 4 位夫人,都有印玺及组玉佩饰随葬。右夫人随葬 2 套组玉佩,一串(A 组)排列成行,应是悬挂在身上,另一串(B 组)的 7 件玉佩叠放在一起。左夫人有一枚“左夫人印”铜印和一串组玉佩,“泰夫人”及“□(部)夫人”亦各有一串组玉佩。西侧室殉 7 人,其中殉人三为年约 40 岁女性,有组玉佩一串,较为简单仅 3 件。另外随葬玉卮、玉印、铜熏炉等。

　　半个多世纪以来的考古发现显示,岭南的玉器主要出自墓葬,多见于都城、郡治或县治等重要城邑。就玉器而言,岭南先秦的玉器以当地制作的水晶石玦和石环为主要装饰品。秦平岭南之后开始出现典型的中原式玉器,广东罗定背夫山、肇庆北岭松山等墓里出土的玉带钩、玉觿和琢刻云纹的玉环等即其代表[4]。赵佗立国后,南越国在政治、经济、文化等全方位因承秦汉,在玉器方面也有所反映。南越国时期,皇帝、王侯、宗室、贵族高官墓中发现大量玉器,种类繁多。南越国后期,中下层官吏或富有人家也开始用玉。所有发现当中以南越王墓最为耀眼,240 余件玉器大体分为礼仪用玉、丧葬用玉、装饰用玉和器用之玉四大类。由于南越王墓玉器的数量众多,种类齐全,有部分尚未完成还留有加工的痕迹,为我们观察和研究汉代玉器的治玉技术提供了丰富的材料。为此选择“丝缕玉衣”、玉容器、多节铁芯玉带钩、玺印和组玉佩为典型代表作一简要分析。

丝缕玉衣

南越王身着入殓的葬服，是墓主身份地位的象征，也有保护尸体不腐的含意。出土时连缀玉片的丝缕和衬底的麻布已朽，但各部分的形状仍可辨认。玉衣面罩上放置玉璧、玉环和缀有金饰片的"幎目"。胸腹部铺放有成组玉璧、组玉佩、珠襦、印玺等，背面垫铺5块玉璧，由于整件玉片皆以丝带缀连，故称之为"丝缕玉衣"。是目前唯一复原的丝缕玉衣。

玉衣共由2291块青玉片粘连缀接而成，长173、肩宽44厘米。外形与人体形状基本一样，分头套、上衣、袖筒、裤筒、手套和鞋六部分（图一）。为便于穿着，各部分分别制作。

玉片大多数为造玉衣而专门制作的，也有的是利用某些玉器的残件，如璧等改制。玉片的颜色较杂，以长方形和方形为主，大多表面平素。一部分大小不一、厚薄不匀，周边不齐。有的玉衣片料是从别的玉材或玉器上切割和裁锯下来。

玉衣内外有丧葬用玉璧，主要是尸体的多重铺垫。南越王入殓时是赤裸身体直接穿着玉衣的。玉衣内贴身放置14块玉璧，其中2块置于左右耳间，12块分三行纵铺，每行4块，居中一行的玉璧由大而小排列，两侧玉璧大小相近。两侧的玉璧可能是竖立紧贴墓主的肋、腰至髋部。每块玉璧都有丝带缠绕捆绑的痕迹，当时应是将组璧连结起来的。尸体与玉衣片和贴身玉璧直接接触的做法，正是汉人认为玉可使尸体不腐的观念的体现。

玉衣是汉代皇帝和王侯、宗室、高级贵族专用的殓服。汉代诸侯王、列侯的玉衣由朝廷按一定规格统一制作或颁赐，有金缕、银缕或铜缕，即以各种金属缕线编缀玉片制成玉衣。从考古的实物资料分析，诸侯王国也制造玉衣。南越王玉衣用丝缕，与上述金属缕不同，是首次发现。因此可以认为，南越王丝缕玉衣最大可能是南越自制的[5]。

在玉衣头套面部还放置2件墓主钟爱的玉器，一是透雕游龙涡纹璧，好部透雕一游龙，健壮有力，昂首挺胸，作奔腾状，造型优美。另一件是透雕龙凤纹重环佩，双面透雕，制成内外两环（图二）。

玉制容器

战国秦汉时期的玉容器种类不多，有杯、羽觞、盒、卮、樽等，全是酒水饮用器。大多数出于王侯贵族高等级的大墓。其功能多为祭祀庆典的礼仪用具，也有的是求仙道用具，还有的可能是玩赏玉[6]。南越王墓出土的5件玉制容器，是汉玉的一次重大发现。其中3件是以整块玉子琢治而成，另有2件为玉片镶嵌在铜框上制成。下面依种类分述如下：

玉盒　盒身与盖有子母口扣合。盖面隆圆，顶立一桥形纽，内扣一绞索纹的活动圆环。盖面纹饰分三区：内区为浅浮雕八片花瓣纹。外区为四组勾连雷纹与四组花蒂纹间列。盖内线刻双凤。一

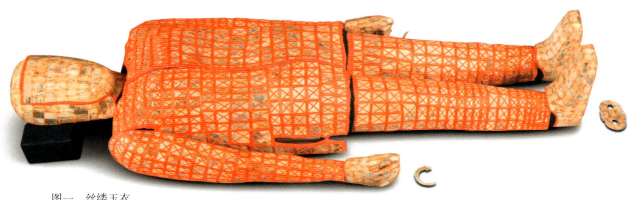

图一　丝缕玉衣

图三　玉盒

图二　透雕龙凤纹重环玉佩

图四　角形玉杯

图五　高足玉杯

凤回首，一凤朝前，相互缠绕，脚踩在一个似璧的圆圈上。盒身如碗，圈足，内底较平。盒外壁有三圈纹饰：上圈四组为凸起勾连涡纹，与四组阴刻的花蒂纹两两相间。中圈为阴刻的勾连涡纹。下圈近足处一道绹纹。盒内打磨光洁。盒盖原已破裂，在原有的钻孔旁加裂缝旁开钻小孔，可穿绳缀联（图三）。

与南越王墓玉盒相似的盒有出自洛阳金村古墓，现藏于美国佛利尔美术馆的"兽涡纹桃实形玉杯" [7] 和安徽巢湖出土的玉粉盒 [8]。其造型、纹饰与南越王墓玉盒大体相近。这几件器物的勾连云纹和凤头上的花状纹等常见于战国秦汉玉器上，耳杯底部以白描手法勾勒的双凤纹与南越王墓玉盒盖内的凤纹风格完全相同，表明它们之间具有深远的渊源。

角形玉杯　仿兽角形，用一块整玉碾琢而成。腹中空，杯底的端部反折往上加转。外壁布满纹饰：顺着杯底的反折部分，圆雕镂空离地的卷云，绕于杯身的下部，上施束丝纹，进而由高浮雕修琢宽体的卷云纹，延向杯口。杯口缘下浅浮雕一只夔龙，振翼而立。尾羽为勾连卷云纹，缠绕回环，满布杯身。在纹饰的隙地琢刻勾连涡纹作补白。角杯集圆雕、高浮雕、浅浮雕和阴刻等技法于一身（图四）。

目前经考古发掘出土玉角杯仅一件。台北故宫博物院收藏一件 [9]。角杯从纹饰形式、设计到琢治都是中国的，但造型母题与希腊人称之为"来通（Rhyton）"的角杯形金银器有相似性。Rhyton起源于地中海沿岸，经亚力山大东征，印度希腊化，由印度作中转站经南海道将信息传到南越国，由南越工匠糅合中国纹样与西方的造型制作出独特的角形玉杯 [10]。

铜承盘高足玉杯　整器由铜承盘、玉托架和高足玉杯三部分组成，应当是饮用美酒或云露的器具。

高足玉杯是组合器的一部分，由杯身和座足两节组成，接合面两边各钻出小孔，塞入竹钉，把身与座贯连。杯身呈长圆筒形，平底。纹饰分三周，以两道带状凸纹相间，上圈为双线勾勒的云纹和花瓣纹各二组相互间开。中圈为突起的勾连涡纹。下圈浅浮雕仰覆的花瓣纹五组。座足如柱墩，上端平齐，有两个小孔，与杯底的孔眼正对，出土时贯连的竹钉仍存。下端呈喇叭形圈足，足底内凹。座足中部饰四朵浅浮雕的覆向花瓣纹（图五）。杯身下部有一玉质杯托，为三大叶、三小叶的花瓣花萼形，中为有突棱的圆孔，高足杯即套入孔中。由一个三条金头银身的龙形托架举起，三龙张口各衔玉杯托的一片小瓣。托架的基部为一铜圈，平置在铜承盘上（图六）。

西安秦阿房宫遗址、江苏徐州狮子山楚王陵、广西罗泊湾1号汉墓出土的玉杯（图七）与南越王墓在时间上早晚脉络清晰，有明显的因承关系，造型相近，应是具有相同的功用。上述几件高足玉杯中，以秦阿房宫遗址出土玉杯与南越王墓的最为相近。

铜框镶嵌玉容器 南越王墓还出土2件以铜框为架镶嵌玉片的玉容器。一件是铜框镶玉盖杯。另一件为铜框镶玉卮，带盖，铜框铸出，鎏金，三蹄足。外表皆刻勾连菱纹和云鸟纹。侧附玉制的单耳錾嵌入棱柱中。9块玉片长方形，外表饰勾连涡纹，内平素（图八）。

相类的铜框镶玉卮亦见于湖南长沙马王堆2号墓[11]。以整块玉子琢治的玉卮，近年又有新的发现。安徽巢湖汉墓出土2件玉卮[12]。江苏徐州狮子山楚王陵4件玉容器一字摆放一起，分别有高足杯2件、耳杯1件和带盖卮1件[13]。这种情形与南越王墓主棺室头厢放置玉盒、玉角杯类同。

多节铁芯玉带钩

南越王墓主棺室木椁头厢出土一件9节铁芯龙虎玉带钩，由一根铁条穿连9块玉子组成[14]。钩尾为虎头，颈部有一多节圆箍。钩部也用一块玉子雕出，瘦长形。龙头钩首，颈两侧刻勾连云纹。龙的后爪伸到虎体上，其中一爪达虎头的颈箍处。钩腹有短柱连扁圆纽（图九）。

类似的带钩在山东曲阜鲁城东周墓、河南泌阳秦墓、陕西西安西北郊六村堡建章宫遗址均有出土。罗越《古代中国玉器》中收录2件铁芯龙虎玉带钩，分别为7节和13节。铁芯多节玉带钩是高级物品，基本皆出自王侯墓之中。

玺印

南越王墓墓主身上随葬9枚玺印，其中金印2枚，一是龙纽"文帝行玺"，一是龟纽"泰子"。有覆斗纽玉印3枚、绿松石印1枚。刻有印文的玉印也是3枚，一枚螭虎纽"帝印"，另2枚是覆斗纽"泰子"和"赵眜"印。

"帝印"玉印 螭虎纽，正方形。印面阴刻"帝印"二字，缪篆，有边栏和纵格。印文的槽沟尚残留有朱红色印泥。印台四周减地刻勾连雷纹，纽上的螭虎匍匐于云海之间。边长2.3、通高1.8厘米（图一○、图一一）。

帝印是我国考古首次发现。螭虎纽目前仅见三例，此外两枚一是1968年陕西咸阳狼家沟长陵附近出土的"皇后之玺"[15]，一是1968年河北满城中山靖王刘胜墓无字印[16]。《汉旧仪》载：皇帝六玺，皆白玉螭虎纽。……秦（汉）以来，天子独称玺，又以玉，群臣莫敢用也。该印既用螭虎纽，却又以"印"字而非"玺"，说明南越官制又与秦汉朝廷略有差异。龙纽"文帝行玺"、龟纽"右夫人印"金印也反映了南越具有的独特性。

"赵眜"玉印 覆斗纽，正方形。印面阴刻"赵眜"二字，缪篆，有边栏和纵格。印文内尚有印泥痕。边长2.3、通高1.7厘米。此为墓主私印。

"夫人"玉印 南越王墓虽然没有出土"夫人"玉印，但有夫人官印4枚，分别是龟纽"右夫人玺"金印，龟纽鎏金铜"左夫人印"、"□（部）夫人印"和"泰夫人印"。广西贵港罗泊湾2号墓出土一枚"夫人"玉印[17]，桥纽，正方形。印面有边栏和纵格，阴刻篆书"夫人"二字。边长2、通高1.5厘米。贺县金钟1号墓出土了"左夫人印"[18]，龟纽，阴刻篆体"左夫人印"四字，边长2.2、高1.6厘米。

秦汉时，具有"夫人"称号的女性基本上是帝王的嫔妃与列侯妻子。通常皇帝正妻称为皇后，

图六　铜承盘高足玉杯

图七　广西罗泊湾高足玉杯

图八　铜框镶玉卮

图九　九节铁芯玉带钩

图一〇　帝印

图一一　帝印印文

妾称夫人，列侯妻称夫人。《汉书·外戚传》序："汉兴，因秦之称号，帝母称皇太后，祖母称太皇太后，适称皇后，妾皆称夫人。"又《汉书·文帝纪》："七年冬十月，令列侯太夫人、夫人、诸侯王子及吏二千石无得擅征捕。"注引如淳曰："列侯之妻称夫人。列侯死，子复为列侯，乃得称太夫人，子不为列侯不得称也。"黄展岳先生依据南越王墓"夫人"玺印的形制，并结合墓葬结构及随葬器物的特征，认为南越王四"夫人"均为南越王的姬妾，其地位高低依次为右夫人、左夫人、泰夫人及部夫人，广西两座汉墓中出土的"夫人"印的身份是列侯的正妻，这与南越王出土的"夫人"印的身份是名同实异的[19]。汉廷后宫的夫人皆以姓氏相称，没有"左夫人"、"右夫人"这样的称谓，应是南越国自创的制度。

组玉佩

组玉佩以往没有统一名称，或称玉组佩、组佩玉，或称玉饰组佩、玉佩组合等等。由于南越王墓未遭盗扰，各种器物组合基本能够保持原状或原位，因而在考古发掘当中观察遗物的出土情形，为复原成组成套的器物提供了充足的依据。典型者如铜承盘高足玉杯，放置在主棺室木椁的头厢，铜承盘与三蛇铜圈架在一起，三叶形的玉托架和高足玉杯相套，可以说毫不费力地就予以复原。南越王墓等共有11套组玉佩，分别挂在墓主南越文王赵眜、东侧室四位夫人、西侧室一位殉人、东耳室殉人、前室殉人的身上。出土时，串系的丝线已经朽没，组绶也腐朽不存，然根据出土的位置并

图一二　墓主组玉佩

图一三　右夫人 A 组玉佩

图一四　右夫人 B 组玉佩

参考以往东周时期复原的佩玉情形，这11套组玉佩基本上都能作出复原。所以1990年出版的《西汉南越王墓》发掘报告专刊根据考古学器物命名成套的玉佩饰为"组玉佩"[20]，随后在香港出版的《南越王墓玉器》，黄展岳先生即以组玉佩为题撰写文章[21]，1998年孙机先生发表题为《周代的组玉佩》[22]，于是"组玉佩"一词逐渐被学界普遍接受[23]，"组玉佩"遂成为考古和研究古玉器的专业用词。

南越王组玉佩　由32件玉、金、煤精和玻璃等不同质料的饰件组成。自上而下依次是透雕涡纹璧、小玉人、兽头形饰、玉人、玉珠、透雕龙凤涡纹璧、壶形饰、金珠、玻璃珠、犀形璜、玉人、金珠、煤精珠、双龙蒲纹璜、玉人、玉珠、套环（图一二）。

这套组玉佩放在玉衣胸腹间，覆盖于组玉璧之上。因联系组佩的丝线已朽，器件散落有移位。出土时，自领头的第一块玉璧起，至最下一件与套环止，长约60厘米。

殉葬夫人的组玉佩　南越王墓东侧室有四位夫人殉葬，共陪葬组玉佩7套。根据出土位置大致可断定其归属。属于右夫人的有两套，其他诸夫人各一套，另有两套无法确指归属。与"右夫人玺"、"赵蓝"等5枚玺印同出的有两组组玉佩饰，其中一组（A组）出棺位东侧，排列有序，组合关系可靠。另一组（B组）在棺位西侧，即A组的左上方，组玉佩件堆叠在一起。下面重点介绍这两套组玉佩。

1. A组组玉佩，是由20件器物组成，其中玉器9件、玻璃珠1颗、金珠10粒。自上而下有连体双龙佩、绞索纹环、绞索纹环、三凤涡纹璧、透雕四龙纹璜、金珠、"蜻蜓眼"玻璃珠、透雕四龙纹璜、透雕二龙纹璜、龙形流云纹璜和一对涡纹璜（图一三）。

2. B组组玉佩，有玉饰7件，自上而下为：透雕三龙纹环、透雕螭龙纹环、舞女、涡纹璜、双龙首璜和双管。另一种复原方案，可将大件的璜置于双管下面。这样也符合出土时环、璜相叠，管在璜上的情形。于是组成环、环、舞人、璜、管、璜的形式（图一四）。

在等级社会中，组玉佩是身份地位的象征，璜数的多寡与佩饰的长短决定着贵族身份地位的高低。"右夫人"既有金印，又有两套组玉佩，璜数也多，故地位最崇；"左夫人"组玉佩的玉璜数量与佩饰长度均大于"泰夫人"与"部夫人"的组玉佩数量，故可推知"左夫人"的地位又高于"泰夫人"与"部夫人"。

东周时期的玉容器制作是以周王朝为肇始，其碾制的玉器数量众多，质地上佳。西汉早期的玉器主要是传承战国的传统，并在此基础上有所发展和创新。南越王墓出土的玉器同样具有明显的战国风格，没有显示出多少地方特色，更没有越式玉器。我们认为大多数玉器，尤其是这些玉容器不是越地制作的，应该是通过某种途径由中原传入。又如，南越王墓出土的11套组玉佩，从其风格来看同样具有东周遗风。但是南越国肯定会有玉器是在本地制作的，南越拥有自己的玉器作坊。玉衣、玉印、玉剑饰以及组玉佩上的部分玉佩饰等当系南越本地所制造。

南越王墓出土玉器形制较好的玉器都是选用上佳的材质，大多数不是本地玉料，有的可能是和田玉，显然是成器后由内地输入。目前南越王墓玉器共有18个样品于1990年经过鉴定，分析者没有明确南越王墓玉器的原料产地，根据玉料主体产自接触交代带内的镁质大理岩，认为岭南具有这种局部地质条件[24]。然而，关于南越玉器的产地问题远未解决，因为南越王墓玉器还有230多件未经系统鉴定。据一些参观南越王墓玉器的专家目验认为有部分玉器可能是和田玉，然而，关于和田玉的地质学研究，目前学界并无同一标准，也远未建立玉质样品的数据库，因而尚难断定南越王墓玉器的玉料具体来源，这无疑是一项任重道远的工作。

注　释

[1] 广州市文物管理委员会、中国社会科学院考古研究所、广东省博物馆：《西汉南越王墓》，文物出版社，1991年。
[2] 林业强编：《南越王墓玉器》，两木出版社，香港，1992年。以下凡引用南越王墓玉器皆自

本书，恕不另具。

［3］麦英豪：《汉玉大观——象岗南越王墓出土玉器概述》，《南越王墓玉器》，1992年。

［4］广东省博物馆、罗定县文化局：《广东罗定背夫山战国墓》，《考古》1986年第3期；广东省博物馆、肇庆市文化局发掘小组：《广东肇庆市北岭松山古墓发掘简报》，《文物》1974年第11期。

［5］黄展岳：《丝缕玉衣和组玉佩》，《南越王墓玉器》，1992年。

［6］全洪：《战国秦汉时期的玉制容器考略》，《广州文物考古集》，文物出版社，1998年。

［7］梅原末治编：《洛阳金村古墓聚英（增订）》，京都小林出版部，昭和十八年（1944年）。

［8］安徽省文物考古研究所、巢湖市文物管理所编：《巢湖汉墓》，文物出版社，2007年。

［9］那志良：《中国古玉图释》，台湾南天书局有限公司，1990年。

［10］中共广州市委宣传部、广州市文化局编：《海上丝绸之路广州文化遗产·考古发现卷》，文物出版社，2008年。

［11］湖南省博物馆、湖南省文物考古研究所编著：《长沙马王堆二、三号汉墓——第一卷田野考古发掘报告》，文物出版社，2004年。

［12］安徽省文物考古研究所、巢湖市文物管理所编：《巢湖汉墓》，文物出版社，2007年。

［13］狮子山楚王陵考古发掘队：《徐州狮子山西汉楚王陵发掘简报》，《文物》1998年第2期。

［14］以往均误作八节，实为九节，今正之。

［15］秦波：《西汉皇后玉玺和甘露二年铜方炉的发现》，《文物》1973年第5期。

［16］中国社会科学院考古研究所、河北省文物管理处：《满城汉墓发掘报告》，文物出版社，1980年。

［17］广西壮族自治区博物馆：《广西贵县罗泊湾汉墓》，文物出版社，1988年。

［18］广西壮族自治区文物工作队：《广西贺县金钟一号汉墓》，《考古》1986年第3期。

［19］黄展岳：《南越国六夫人印》，《文物天地》1993年第2期。

［20］广州市文物管理委员会、中国社会科学院考古研究所、广东省博物馆：《西汉南越王墓》，文物出版社，1991年。

［21］黄展岳：《丝缕玉衣和组玉佩》，《南越王墓玉器》，1992年。

［22］孙机：《周代的组玉佩》，《文物》1998年第4期。

［23］例如：商春芳：《东周时期"组玉佩"有关问题略论——兼论洛阳东周墓出土的"组玉佩"》，洛阳市文物局、洛阳博物馆编：《洛阳博物馆建馆四十周年纪念论文集》，科学出版社，1999年；李跃：《由组玉佩浅谈西周的用玉风格》，《南方文物》2002年第2期。

［24］闻广：《西汉南越王墓玉器的考古地质学研究》，广州市文物管理委员会等编《西汉南越王墓》附录二，文物出版社，1991年；《中国古玉地质考古学研究——西汉南越王墓玉器》，《考古》1991年第11期。

（作者单位：西汉南越王博物馆）

后 记

在中国，玉有着悠久的历史和独特的涵义，包含着古人无穷无尽的理想追求和精神向往。玉中凝结了一个民族的精神品格，见证了一个民族的成长历程，陶冶了一个民族的思想情操，抚育了一个民族的君子风范，没有对玉的知晓，就不可能真正了解中华文明。鉴于此，新一辑馆藏系列丛书——《东莞市博物馆藏玉器》便排在出版日程的前列。

为确保图书的真实性、观赏性及权威性，本书所选录的玉器全部经过国家级玉器鉴定专家严格把关，年代明确，质量上乘；器物图片由国内知名文物摄影师拍摄，部分器物绘制了线描图和文物使用说明图，并对部分器物制作拓片。此外，我们还约请国内著名玉器文化研究专家为本书撰写论文。为全面反映广东玉器文化发展史，我们还特约专文介绍了南越王墓出土的精美玉器，力争使之成为一本图文并茂、内容丰富的专业书籍。

本书能够顺利出版，凝聚着全馆工作人员的心血和汗水，同时也得到了各级领导、有关专家以及相关单位的关注和支持：

广东省文物局苏桂芬局长在百忙之中，欣然为本书作序；国家鉴定委员会委员杨震华女士不辞辛劳，从苏抵莞，为本书鉴选玉器，编写器物说明，并提出许多宝贵意见；文物出版社摄影师孙之常为所录玉器拍摄了照片；广东省博物馆摄影师区智荣补拍了部分照片；彭志健和邹俭平先生分别为本书制作拓片、绘制线描图。

另外还要特别感谢东莞市财政、文化有关部门，为课题的立项运作及纵深研究，给予了很大的关注与支持。

本书在编著中肯定还存在着许多不足之处，甚至些许谬误，还望专家、前辈和广大读者指正。

东莞市博物馆馆长　　娄欣利

摄　　影：孙之常

装帧设计：李　红

责任编辑：李　红

　　　　　张征雁

责任印制：陆　联

．．．．．．．．．．．．．．．．．．．．．．．．．．．．．

图书在版编目（CIP）数据

东莞市博物馆藏玉器 / 东莞市博物馆 编.—北京：文物
出版社，2009.9

ISBN 978-7-5010-2806-1

Ⅰ. 东… 　Ⅱ. 东… 　Ⅲ. 古玉器 – 简介 – 中国 　Ⅳ. K876. 84

中国版本图书馆 CIP 数据核字（2009）第 139982 号

．．．．．．．．．．．．．．．．．．．．．．．．．．．．．

东莞市博物馆藏玉器

编　　者　东莞市博物馆

出版发行　文物出版社

地　　址　北京东直门内北小街 2 号楼

邮　　编　100007

网　　址　www.wenwu.com

邮　　箱　web@wenwu.com

印　　刷　广东东莞新扬印刷有限公司

经　　销　新华书店

开　　本　889 ×1194　1/16

印　　张　10

版　　次　2009 年 9 月第 1 版

印　　次　2009 年 9 月第 1 次印刷

书　　号　ISBN 978-7-5010-2806-1

定　　价　238.00 元